CD付き

世界一わかりやすい！
一夜漬けタイ語

คืนเดียวก็เก่งได้ภาษาไทย

ぶっつけ本番でも
**話せる！
通じる！**

初めてのタイ語学習
旅行・出張に！

TLS出版社

藤崎 ポンパン　著
早坂 裕一郎

はじめに

　ワット・プラケオ（エメラルド寺院）から、チャオプラヤ川に向かって、背の高い塀沿いを歩いて行くと、干エビなどの海産物が積み上げられた独特な匂いの漂う商店街に辿り着きます。更にその奥に進んで行くと、そこがワット・アルン（暁の寺）への渡し船の発着場です。観光ツアーのお約束コースの一つなのですが、僕はこの場所が気に入っていて、仕事に疲れた時や気分転換をしたい時、チャオプラヤ川越しに見える夕焼けのワット・アルンを見に来ます。

　年間100万人以上の日本人が訪れる「タイ」の魅力とは何でしょう？いや、そんなことを語るのは無粋ですよね。気候・雰囲気・食べ物・寺院…それらが一体となって日本人を、時には厳しく、そして優しく迎え入れてくれます。そんなタイを、タイ人をもっと知りたいと思った時、一番大切なのは「タイ語」ではないでしょうか。

　まずは挨拶だけでもいいのです。声に出してみて下さい。きっと微笑み返してくれます。初めて触れる言語なのですから、タイ人が何と言っているのかは分かるはずがないのです。気にしないで下さい。とにかくタイ語で自分の意思を相手に伝えてみましょう。そうやって身に付いてゆくタイ語力は、あなたのタイ滞在を必ず豊かなものにします。

　本書は、タイ語に初めて接する日本人の方々のために、出来るだけ「簡単に」「分かりやすく」をテーマに発音と文法を解説し「すぐに」使える場面別のフレーズを沢山載せました。次からとは言わず、ぜひ初めての旅行・出張、学習用に使ってみて下さい。コミュニケーションを楽しんで下さい。きっとあなただけの特別な「タイ」が見つかると思います。

藤崎　ポンパン
早坂　裕一郎

もくじ

はじめに 3
本書の特長と使い方 8
付録 151

Part 1 入門講座 9

発音講座
母音編 10
子音編 12
声調編 18

数字講座 20

文法講座 24
khráp & khâ 24
代名詞 26
タイ語の語順 28
pen & khɯɯ 30
否定形 31
疑問形 Part 1 32
疑問形 Part 2 34
疑問形 Part 3 36
未来形 40
現在進行形 41
過去形 42
経験「〜したことがある」 44
必要「〜しなければならない」 45
義務「〜するべきである」 46
動作の欲求「〜したい」 47
物の欲求「〜が欲しい」「〜が要る」 48

依頼「〜してもらえますか？」……… 50
使役「〜してあげる」「〜させる」……… 52
禁止「〜しないで下さい」& 命令「〜して下さい」……… 53
比較級「より〜」& 最上級「最も〜」……… 54
勧誘「〜しましょう」& 推奨「〜する方がいい」……… 56
推量「〜かもしれない」& 仮定「もし〜ならば」……… 57
可能「〜することができる」……… 58
可能・不可能表現 ……… 59
存在 & 所在 ……… 60

場面別 フレーズ集 … 63

まずはこれだけ！……… 64
あいづち ……… 69
自己紹介 ……… 70
お仕事は？……… 72
両替する ……… 74
お礼・感謝 ……… 75
タクシーに乗る ……… 76
ホテルで ……… 78
お食事 ……… 80
おすすめは？……… 82
どうやって乗るの？……… 84
場所をたずねる ……… 86
ショッピング ……… 88
チケット購入 ……… 90
教え合う ……… 92

Part 2 場面別フレーズ集

ホメ言葉 …………………………… 93
何時？ ……………………………… 94
日時の表現 ❶ ……………………… 96
日時の表現 ❷ ……………………… 98
時刻 ………………………………… 99
お誘い表現 ………………………… 100
写真撮影 …………………………… 102
レンタカー ………………………… 103
トラブル遭遇！ …………………… 104
病気の症状 ………………………… 106
薬を買う …………………………… 108
病院で ……………………………… 110
お断り ……………………………… 112
怒ってます！ ……………………… 113
お別れです… ……………………… 114
残念っ！ …………………………… 116
求愛フレーズ ……………………… 117
天気・気温 ………………………… 118
髪を切る …………………………… 120
学校へ行こう ……………………… 122
マッサージ屋さん ………………… 123
手紙・荷物を送る ………………… 124
電話をかける ……………………… 126

Part 3 カテゴリー別 単語集

カテゴリー別 単語集　127

基本の動詞　128	身体の各部　140
感情　131	家族　141
人の性格と外見　132	位置・方向　142
基本の形容詞　133	色　143
日・月・年　134	病気・怪我　144
時間の流れ　135	交通機関　145
暦　136	通信　146
食事　137	類別詞　147
食材・野菜・果物　138	商品・品物　148
飲み物・デザート　139	観光スポット　150

Phongphan's Memo

　僕が日本で留学生活を始めた頃、生きていく上で日本語を必死に覚えなければなりませんでした。僕にとって特に頭が痛かったのは同義語の多さでした。例えば『食べる』という単語には「食う」「食す」「食らう」「召し上がる」「ご馳走になる」など多くの言い方があります。しかし実際には『食べる』という基本の一語をきちんと相手に伝えることができたら、とりあえず会話は成立するんです。子どもと同じ様に段々日本語が上達するにつれて同義語は自然と覚えていくもので、最初から欲張ってはダメなんですね。

　本書に記載したタイ語は「すぐに使えて」「すぐに覚えられる」ために、あえて口語的で簡単な言い回しにしました。ひょっとしたら、タイ人の友達やタイ語上級者に「もっといい言い方があるよ」と言われるかもしれません。

　他の言い方を見つけた時、教えてもらった時、理解できた時、その時は皆さんのタイ語力がＵＰした証拠です。さぁ、頑張ってみましょう！

本書の特長と使い方

1. 本書は ❶入門講座 ❷場面別 フレーズ集 ❸カテゴリー別 単語集 の3本立てで構成されていて、❶と❷はタイ語の発音がCDに収録されています。

2.『入門講座』は、タイ語の基礎を「発音」「数字」「文法」に分けて、あえてタイ文字を使わず、日本人が分かりやすいよう丁寧にかつ簡単に解説してありますので、誰でも気軽に短時間で楽しくタイ語を勉強できます。

3.『場面別 フレーズ集』は、タイ語を勉強していなくてもすぐに使えます。この章に関してはタイ文字を併記してありますので、どうしても発音が伝わらなかったら、その文章をタイ人に見せて読んでもらいましょう。

4.『場面別 フレーズ集』の左ページには文章、右ページには置き換えることの出来る単語があります。しかし実際に単語を置き換えてみると、日本語として違和感のある文章になることがありますが、タイ語的にはそのまま使っても大丈夫です。

> 例 タイ料理 を食べる。→ ビール を食べる。
> しかしタイ語では　キン [kin] =「食べる・飲む」
> なので問題ありません。

5.『カテゴリー別 単語集』は、よく使う単語約600語をカテゴリーに分けて収録してあります。『場面別 フレーズ集』の入れ替え用として、自分で簡単な文章を作りたい時、表現力を高めるツールとして活用して下さい。

6. タイ語の読みには、「カタカナ表記」と「ローマ字表記」（ローマ字発音・声調記号）の二つを併記しました。出来る限り「ローマ字表記」を参考に発音して下さい。タイ語の読みは「カタカナ表記」では正しく表現出来ないのです。

> 例 クライ [klai] =「近い」 ／ クライ [klâi] =「遠い」
> カタカナ表記ではどちらも『クライ』になってしまい、区別が出来ません。

二夜漬け タイ語

Part 1 入門講座

発音講座

数字講座

文法講座

タイ語発音講座

『母音』って？

日本語で言うところの「a／ア」「i／イ」「u／ウ」「e／エ」「o／オ」です。
日本語ならどんな言葉でも、最後の文字をずーっと伸ばして発音し続けると、**音も口の形も必ず**「ア・イ・ウ・エ・オ」になりますよね。

『短母音』と『長母音』

タイ語の母音は、「短母音」と「長母音」で分類できます。

短母音 ＝ 短く発音	a／ア
長母音 ＝ 長く発音	aa／アー

ローマ字表記では、長母音は同じローマ字を**2つ続けて**書きます。
メリハリをつけて、特に長母音はしっかり長く発音しましょう。

『真正母音』と『複合母音』

真正母音	1種類の短・長母音で構成されている
複合母音	2種類、または3種類の短・長母音で構成されている

一夜漬けということで、複合母音の種類は説明しませんが、
複合母音は複数の真正母音で構成されているので、
真正母音の発音が出来れば、実は複合母音も発音出来てしまうのです。

『真正母音』は9種類だけ

● 日本語とほぼ同じ発音……5種類

	短母音		長母音		発音のポイント
1	a	ア	aa	アー	日本語と同じ
2	i	イ	ii	イー	日本語と同じ
3	u	ウ	uu	ウー	日本語と同じ（唇を前に突き出して）
4	e	エ	ee	エー	日本語と同じ
5	o	オ	oo	オー	日本語と同じ

● 日本語とは違う発音……4種類

	短母音		長母音		発音のポイント
6	ɯ	ウ	ɯɯ	ウー	唇を横に引っ張りながら
7	ɛ	エ	ɛɛ	エー	「a」の口の形
8	ɔ	オ	ɔɔ	オー	「a」の口の形で、口の中を広げて
9	ə	ウ	əə	ウー	「e」の口の形

カタカナ読みでは通じない理由

カタカナ読みしか記載されていないタイ語会話の本を持ってタイに行き、タイ人に話しかけたけど全然通じなかったということはありませんか？ それは上記6〜9のような、カタカナでは正確に表現できない『母音の発音』、次ページ以降で説明する『子音の発音』『声調』ができていないからなのです。初めてタイ語にチャレンジする人でも、**ローマ字表記のルール**で発音すれば、きちんと通じるんですよ。

『子音』って？

例えば「さくら（桜）」という日本語をローマ字表記で分解してみると

さくら ＝ sakura ＝ sa ＋ ku ＋ ra

更に分解すると… s ＋ a ＝ さ （子音 母音）　　k ＋ u ＝ く （子音 母音）　　r ＋ a ＝ ら （子音 母音）

というように、母音と組み合わせなければ、発音できない文字 [s][k][r] があることが分かりますよね？ それらの文字を『子音』と言い、唇や舌などを使って、空気の流れを変えて音を作ります。

『無気音』と『有気音』

子音の中で特に注意して発音を区別しなければならないのが『無気音』と『有気音』です。

- 無気音 ＝ 息をもらさない…　　[k] [c] [t] [p]　　4種類
- 有気音 ＝ 息をもらす………　　[kh] [ch] [th] [ph]　4種類

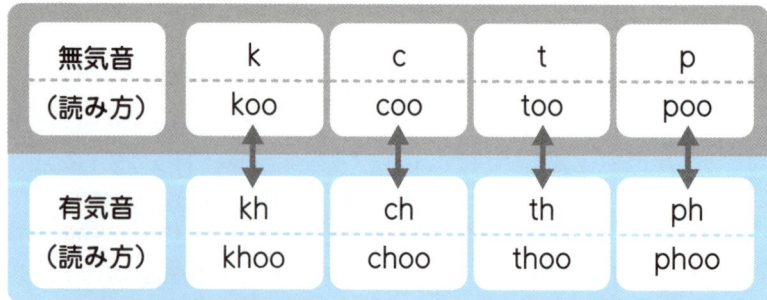

無気音	k	c	t	p
（読み方）	koo	coo	too	poo
有気音	kh	ch	th	ph
（読み方）	khoo	choo	thoo	phoo

さすがに子音だけで発音はできないので[oo]という長母音をつけています。（ちなみにタイの子どもたちは、[ɔɔ]をつけて子音を覚えています）

ローマ字表記で **無気音4種類に [h] が入ると** 『有気音』と覚えて下さい。

『無気音』はどちらかと言うと濁音っぽく聞こえます。カタカナでは正確に表現出来ませんが、便宜上当ててみると以下のようになります。

[koo] = ゴー　　　　[coo] = チョー

[khoo] = コー　　　　[choo] = チョー

注意　本書のカタカナ読みでは無気音に濁点はふっていません。ローマ字表記で判別して下さい。

『無気音』と『有気音』の練習法

簡単な練習方法としては、ティッシュを使った方法があります。口の前にティッシュをぶら下げて、**息でティッシュを動かさないように発音するのが**『無気音』、**吐き出す息でティッシュが動くような発音が**『有気音』ということになります。声の大きさ、小ささということではないので注意しましょう。

日本語の『無気音』と『有気音』

日本人は無意識に『無気音』と『有気音』を使い分けています。日本語の特徴として、単語の音節中、最初の音は『有気音』で、途中や最後の音は『無気音』で発音されているのです。

「学校（がっこう）」「一個（いっこ）」・・・［ ko ］無気音

「国際（こくさい）」「こんにちは」・・・［ kho ］有気音

外国語の聞き取りが難しいのは全世界共通です。しかし、自分が話して相手に理解してもらうのは意外と簡単ですので、まずは発音を頑張りましょう。

ミニトリビア　タイの国名を英語で書くと「thailand」なのは皆さん御存知ですよね？実は発音としては『有気音』なので「thai」というスペルを使うのです。

入門講座　発音講座

『頭子音』と『末子音』

● 頭子音 ＝ 音節の先頭に置かれる子音 … 20種類

	文字	読み	日本語の発音で言うと…
1	k	koo	[カ] 行の無気音
2	kh	khoo	[カ] 行の有気音
3	ŋ	ŋoo	[ガ] 行を鼻声で「ンゴー」
4	c	coo	[チャ] 行の無気音
5	ch	choo	[チャ] 行と [シャ] 行の間のような音で発音する有気音
6	d	doo	[ダ] [デ] [ド] と同じ音
7	t	too	[タ] [テ] [ト] の無気音
8	th	thoo	[タ] [テ] [ト] の有気音
9	n	noo	[ナ] 行
10	b	boo	[バ] 行
11	p	poo	[パ] 行の無気音
12	ph	phoo	[パ] 行の有気音
13	f	foo	[ファ] 行、上の歯で下唇をかむように発音する
14	m	moo	[マ] 行
15	y	yoo	[ヤ] 行に近い音、母音が [i] の時は少しにごって聞こえる
16	r	roo	[ラ] 行の巻き舌バージョン
17	l	loo	[ラ] 行の通常バージョン
18	w	woo	[ワ] 行
19	s	soo	[サ] 行、母音が [i] の時は「スィ」と発音する
20	h	hoo	[ハ] 行

● 末子音 ＝ 音節の最後に置かれる子音 … 8種類

①	-k	ノドで息を急ブレーキ。 口は閉じない。 イッコ（1個）＝ ikko コ(ko)を発音する直前の『ッ』で止める。	hòk ホック 数字の「6」	無音系
②	-t	舌を上あごにつけて息を止める。 口は少し開ける。 イットウ（1頭）＝ ittou ト(to)を発音する直前の『ッ』で止める。	cèt チェット 数字の「7」	
③	-p	唇（口）を完全に閉じて、息を止める。 イッパイ（1杯）＝ ippai パ(pa)を発音する直前の『ッ』で止める。	sìp シップ 数字の「10」	
④	-ŋ	息をノドで急ブレーキ。口は閉じない。 鼻から音を抜くのがコツ。 オンガク（音楽）＝ ongaku ガ(ga)を発音する直前の『ン』で止める。	nùŋ ヌン 数字の「1」	有音系
⑤	-n	舌を上あごにつけて息を止める。 口は少し開ける。 さんかく（3角）＝ sankaku カ(ka)を発音する直前の『ン』で止める。	sǔun スーン 数字の「0」	
⑥	-m	唇（口）を完全に閉じて、息を止める。 サンマイ（3枚）＝ sammai マ(ma)を発音する直前の『ン』で止める。	sǎam サーム 数字の「3」	
⑦	-w	「ウ」または「オ」を軽く短く発音	khâaw カーウ ご飯	
⑧	-y	「イ」を短く発音	arɔ̀y アロイ 美味しい	

khâaw カーウ（ご飯）という単語を音節的に分解してみると以下のようになります。

［ kh ＋ âa ］＋［ w ］ → ［頭子音＋母音］＋［末子音］

※［ ɔ̀ ］［ ǔ ］［ â ］など、母音の上についている記号は『声調記号』というもので、音程の上げ下げを表しています。（解説は18ページ）

末子音のココに注意！

―――― 無音系　末子音 ――――

前ページの表の　❶ –k　❷ –t　❸ –p は息を止める時のような感じなので、ハッキリした音を出してしまうのではなく、口や唇や舌を実際に発音するのと同じ形にするのがポイントです。

簡単に言うと［ク］［ト］［プ］が聞こえてしまう発音はダメだということです。

※この本では便宜上、無音系末子音にもカタカナがふってありますが、
　ローマ字表記を見て判別しましょう。

―――― 有音系　末子音 ――――

❹ –ŋ　強引にカタカナで書くと［ング］でしょうか。❺ –n［ン］とは全く別物ですので要注意です。一見難しそうな感じがしますが、実は日本人がよく使っている発音だったりします。CDで繰り返し聞いてみて下さい。

❺ –n　日本語とほぼ同じ［ン］ですが、唇（口）を閉じてしまうと ❻ –m に聞こえてしまうので要注意です。

❻ –m　無音系末子音の ❸ –p と同じで、唇（口）を閉じて息を止めます。間違っても日本語の［ム］のように唇を突き出して発音してはいけません。

2重子音

2重子音の種類

［k］［kh］［t］［th］［p］［ph］の6個の子音は［r］［l］［w］の3個の子音とそれぞれ結合して、**12個の「2重子音」**を作ります。もちろんその後には母音が続くことをお忘れなく！

	k系(6個)		t系(2個)		p系(4個)	
	k	kh	t	th	p	ph
r	kr (ク)	khr (ク)	tr (トゥ)	thr (トゥ)	pr (プ)	phr (プ)
l	kl (ク)	khl (ク)			pl (プ)	phl (プ)
w	kw (ク)	khw (ク)				

24ページに［khráp］（クラップ）という男性用の超基本単語があります。［khr］＝2重子音なのですが、読み方としては以下の様になります。

［kh］＋［ráp］
ク　　ラップ

・・・

［r］［l］［w］＋［母音］で続けて読めばOK！

［r］と［l］の省略

2重子音の［r］と［l］は、話し言葉では発音が省略されることが多いです。

［khr］＋［á］＋［p］ → ［2重子音］＋［母音］＋［末子音］

これが話し言葉では［r］が省略されて［kháp］（カップ）となるわけです。

ちょっと練習
［sawàtdii kháp］（サワッディー カップ）＝「こんにちは（男性用）」
⇒ 無音系末子音［p］の発音に注意しましょう！

声調って？

音節の構成要素である「平」「低」「降」「高」「昇」などのアクセントで、簡単に言うと「発音上の音程」のことです。中国語を習ったことのある人にはお馴染みですが、初めて聞いた人はピンと来ないかもしれません。ところが日本語にも声調はあるんですよ。次の２つの日本語を読んでみましょう。

❶ 銀行（ぎんこう）
ginkou

❷ バンコク銀行（ばんこくぎんこう）
bankoku gînkòu

同じ「銀行（ぎんこう）」でも、音程が違いますよね。声の高さは人それぞれです。しかし、声調とはあくまで相対的な音程の違いなのです。

タイ語の声調は５つ

タイ語の発音上、声調はとても重要な役割を持っています。例えば マー [maa] と発音しても、声調によって別の意味の単語になってしまうのです。５つの声調を図で表すと以下のようになります。

CD 6

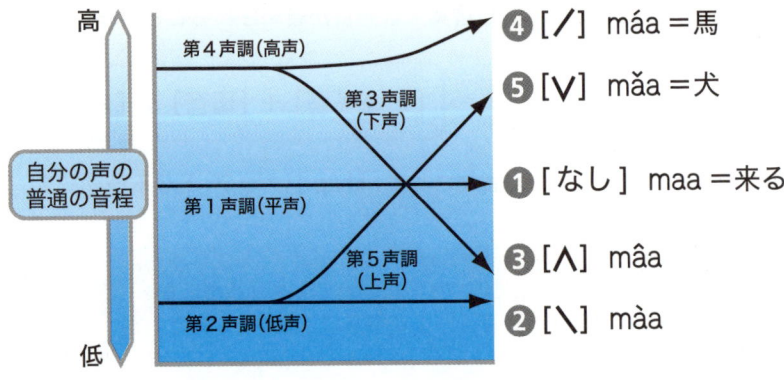

声調記号と発音の仕方

ローマ字表記上、声調を表すのに、**母音の上に記号**をつけます。
短母音ではその上に、長母音では1つ目の母音の上に乗せています。

 CD6

❶ 第1声調（平声）… 自分の声の普通の音程。平らに発音します。

声調記号
【なし】

顔を真横に動かす

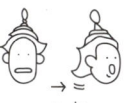

日本語で「銀行=ginkou」と発音する時のように平らな音で発音します。

❷ 第2声調（低声）… 第1声調より、低い音程で平らに発音します。

声調記号
【 ＼ 】

顔をまっすぐから下に下げる

日本語で「ごはん=góhàn」と発音する時の hàn のように低い音程で平らに発音します。

❸ 第3声調（下声）… 高い音程から、下げて発音します。

声調記号
【 ∧ 】

顔を一回上げ下げする

日本語で「なんで～?=nân děe」と発音する時の nân の部分が下声にあたります。

❹ 第4声調（高声）… 高い音程から、少し上がって発音します。

声調記号
【 ／ 】

顔を上げながら上げっぱなしにする

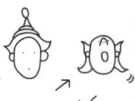

日本語で「来ない=kónài」と発音する時の kó の部分が高声にあたります。

❺ 第5声調（上声）… 第2声調の音程から、尻上がりに発音します。

声調記号
【 ∨ 】

顔を下におろしてまた上に戻す

日本語で「なんで～?=nân děe」と発音する時の děe の部分が上声にあたります。

一夜漬け タイ語 数字講座

🎧 CD 7

1 ๑ ヌン nʉ̀ŋ หนึ่ง	2 ๒ ソーン sɔ̌ɔŋ สอง	3 ๓ サーム sǎam สาม

4 ๔ シー sìi สี่	5 ๕ ハー hâa ห้า	6 ๖ ホック hòk หก
	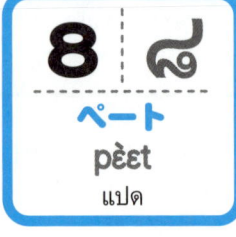	
7 ๗ チェット cèt เจ็ด	8 ๘ ペート pɛ̀ɛt แปด	9 ๙ カーオ kâau เก้า

10 ๑๐ シップ sìp สิบ	11 ๑๑ シップエット sìpèt สิบเอ็ด	20 ๒๐ イーシップ yîi sìp ยี่สิบ

12 → シップソーン
13 → シップサーム

21 → イーシップエット
22 → イーシップソーン

入門講座 / 数字講座

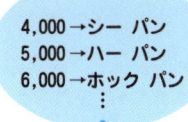
```
100→ヌン ローイ
200→ソーン ローイ
300→サーム ローイ
︙
```

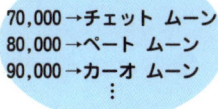
```
4,000→シー パン
5,000→ハー パン
6,000→ホック パン
︙
```

```
70,000→チェット ムーン
80,000→ペート ムーン
90,000→カーオ ムーン
︙
```

CD 7

百
ローイ
rɔ́ɔy
ร้อย

千
パン
phan
พัน

万
ムーン
mɯ̀ɯn
หมื่น

十万
セーン
sɛ̌ɛn
แสน

百万
ラーン
láan
ล้าน

0
スーン
sǔun
ศูนย์

---ルール---

1 この18個を組み合わせて全ての数字を言い表すことができます。

2 **11から1の位の1はヌンではなく "エット" になります。**
（例：21→イーシップ エット）

3 **20〜29までの10の位の2はソーンでなく "イー" となります。**
（例：22→イーシップ ソーン）

4 百万以上は以下のように表しています。

1,000万	= 10 × 100万	= シップ ラーン
1億	= 100 × 100万	= ロイ ラーン
1兆	= 100万 × 100万	= ラーン ラーン
10兆	= 10 × 100万 × 100万	= シップ ラーン ラーン

入門講座

数字講座

21

● ちょっと練習　　　　　　　　　　　　　　　CD 8

① 23
イー シップ サーム
yîi sìp sǎam

② 51
ハー シップ エット
hâa sìp èt

③ 167
ヌン ローイ ホック シップ チェット
nùŋ rɔ́ɔy hòk sìp cèt

④ 222
ソーン ローイ イー シップ ソーン
sɔ̌ɔŋ rɔ́ɔy yîi sìp sɔ̌ɔŋ

⑤ 4321
シー パン サーム ローイ イーシップ エット
sìi phan sǎam rɔ́ɔy yîi sìp èt

⑥ 19999
ヌン ムーン カーオ パン カーオ ローイ カーオ シップ カーオ
nùŋ mùɯn kâau phan kâau rɔ́ɔy kâau sìp kâau

● 電話番号の言い方　　　　　　　　　　　　CD 8

日本語と同じでそのまま読みます。

02-653-0881
スーン ソーン － ホック ハー サーム － スーン ペート ペート ヌン
sǔun sɔ̌ɔŋ － hòk hâa sǎam － sǔun pèet pèet nùŋ

発音のポイント　　　　　　　　　　　　　　CD 8

| 1 | 2 | 3 | | 4 | 5 | 6 | | 7 | 8 | 9 | 10 |
|  | |  | |  | | | | | | | |

1～10までの声調だけ抜き出してみました。
「2」と「3」は第5声調、「5」と「9」は第3声調、残りは第2声調です。
「2」「3」と「5」「9」を意識して発音すると、通じやすいですし覚えやすいです。
また、3個・3個・4個で区切りをつけて覚えるのも一つの方法です。

物の数え方 類別詞 （巻末単語集147ページに収録）

1 普通の数え方

数字 ＋ 類別詞

ソーン コン
[sɔ̌ɔŋ khon]
＝ 2人

※ コン [khon]
＝ 人数を表す類別詞

2 序数的な数え方

類別詞 ＋ ティー [thîi] ＋ 数字

コン ティー ハー
[khon thîi hâa]
＝ 5人目

※ ティー [thîi] ＋ 数字
＝ ～番目（第～）

3 1つだけ (Only one)

類別詞 ＋ ディアウ [diiaw]

コン ディアウ
[khon diiaw]
＝ 1人

4 お金の数え方

数字 ＋ 通貨単位

イー シップ バート
[yîi sìp bàat]
＝ 20バーツ

ミニトリビア

- ①の話し言葉では、数が「1」の場合【類別詞 ＋ 数字】というふうに語順が逆になります。　コン ヌン [khon nɯŋ] ＝ 1人
- 100と1000のちょっとカッコイイ話し言葉
  ・ローイ ヌン [rɔ́ɔy nɯŋ] ＝ 100
  ・パン ヌン [phan nɯŋ] ＝ 1000

入門講座

数字講座

khráp & khâ

🔹 丁寧語「〜です」「〜ます」

● タイ語にも丁寧語があります。使い方は日本語と同じです。
親しい間柄以外、目上・年上・初対面の相手には、常に使う方がベターです。

● **文末**につけると「〜です」「〜ます」という丁寧語になります。

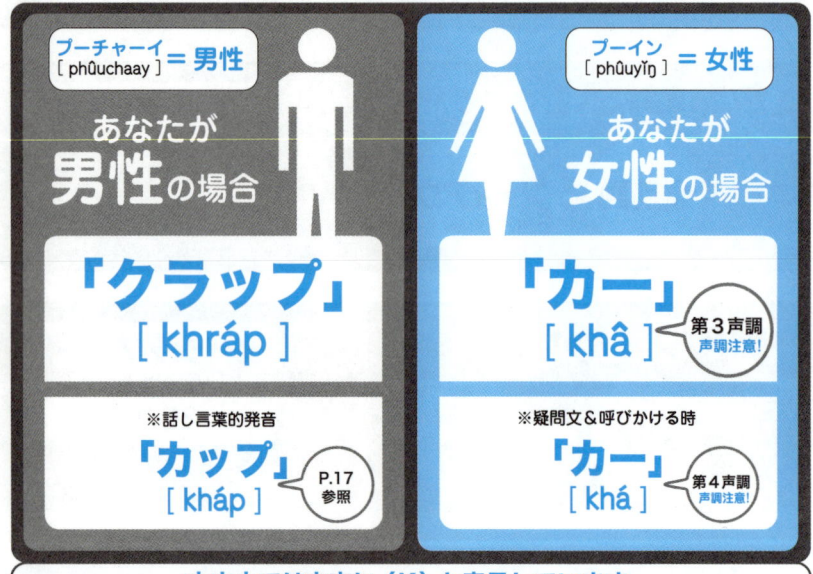

本文中では文末に（K）と表示しています。

🔹 返事 & 相づち

● 単独で言うと、「はい」(返事)、や「ええ」(相づち)という意味になります。
● 連続しても OK です。　例：カップ カップ [kháp kháp] =「はい、はい」「ええ、ええ」

呼びかけ & 敬称

● 相手を呼びかける場合、**(K)** を名前・人称・人称代名詞の**後**につけます。

❶ 「もしもし、あなた！」（見た感じ同年代、年下の相手に対して）

　クン **(K)**　　[khun (k)]

❷ 「お父さん！」

　クン ＊ポー **(K)**　　[khun phɔ̂ɔ (k)]　　＊ポー [phɔ̂ɔ] ── 父

❸ 「山田さん！」

　クン ヤマダ **(K)**　　[khun yamada (k)]

> **Point**　27ページの人称代名詞『あなた・君』で登場する クン [khun] は
> 相手（男女問わず）に対する敬称「～さん」としても使用され
> 名前・人称・人称代名詞の前に置きます。

❹ 「ちょっと、すみませーん！」（年上に対して）

　ピー **(K)**　　[phîi (k)]

❺ 「まゆみ姉さん！」（年上に親しみを込めて）

　ピー マユミ **(K)**　　[phîi mayumi (k)]

❻ 「ちょっと、すみませーん！」（年下に対して）

　ノーン **(K)**　　[nɔ́ɔŋ (k)]

> **Point**　「ピー」は年上の人を、「ノーン」は年下の人を意味しているのですが、
> 私（1人称）、あなた（2人称）としても使われます。（詳細は27ページで）

代名詞

❖ 指示代名詞

《単数》				《複数》			
これ・この〜	ニー	[nîi]		これら	プアック ニー	[phûak níi]
それ・その〜	ナン	[nân]		それら	プアック ナン	[phûak nán]
あれ・あの〜	ノーン	[nôon]		あれら	プアック ノーン	[phûak nóon]

● 人や物を指す場合は、名詞の後につけます。

この人	コン ニー	[khon níi]	この本	ナンスー ニー	[nǎŋsǔɯ níi]
その人	コン ナン	[khon nán]	その本	ナンスー ナン	[nǎŋsǔɯ nán]
あの人	コン ノーン	[khon nóon]	あの本	ナンスー ノーン	[nǎŋsǔɯ nóon]

例文 あの人かっこいいですね。
コン ノーン テー ナ (K)   [khon nóon thêe ná (k)]
          *   *

● 小さい物（単数）を指す場合、類別詞の アン [an] をつけます。
市場や露店で買い物する時や、屋台で食べたい物を
指差す時によく使います。

| この物 | アン ニー | [an níi] | その物 | アン ナン | [an nán] |
| (これ) | | | (それ) | | |

例文 それ、ください。
アオ アン ナン (K)   [au an nán (k)]
 *

● 場所を指す時は、以下のように言います。

ここ	ティー ニー	[thîi nîi]	この辺	テゥ ニー	[thěw níi]
そこ	ティー ナン	[thîi nân]	その辺	テゥ ナン	[thěw nán]
あそこ	ティー ノーン	[thîi nôon]	あの辺	テゥ ノーン	[thěw nóon]

※ ティー [thîi] は「場所（総称）」、テゥ [thěw] は「付近」という意味です。

例文 ここは暑いですね。
ティー ニー ローン ナ (K)   [thîi nîi rɔ́ɔn ná (k)]
                *

---

* テー [thêe] — かっこいい   * アオ [au] — 要る（49 ページ参照）
* ナ [ná] — 〜ね、〜よ、〜な   * ローン [rɔ́ɔn] — 暑い

🔷 人称代名詞

- **1人称** ▶ 「私・僕」… つまり自分のこと
- **2人称** ▶ 「あなた・君」… 自分と話している相手
- **3人称** ▶ 「彼・彼女」… 私とあなたがいて、その他の人（物・動物）

	単　数		複　数	
1人称	僕 (男)	ポム [phǒm]	僕達 (男)	プアック ポム [phûak phǒm]
	私 (女)	ディチャン [dichán]	私達 (女)	プアック ディチャン [phûak dichán]
	僕／私 (男女)	チャン（同等で親しい間柄）[chán]	僕／私達 (男女)	プアック ラオ [phûak rau]
		ピー（相手が年下）[phîi]		
		ノーン（相手が年上）[nɔ́ɔŋ]		
2人称	あなた (男女)	クン [khun]	あなた達 (男女)	プアック クン [phûak khun]
	あなた (男女)	ピー（相手が年上）[phîi]		
		ノーン（相手が年下）[nɔ́ɔŋ]		
3人称	彼／彼女 (男女)	カオ [kháu]	彼／彼女達 (男女)	プアック カオ [phûak kháu]
	それ (物・動物)	マン※ [man]	それら (物・動物)	プアック マン [phûak man]

※人に対して使うと「あいつ」になるので要注意！

入門講座　文法講座

タイ語の語順

● タイ語の基本語順は英語と同じで『 主語 ＋ 動詞 ＋ 目的語 』です。
　修飾語は被修飾語の後につけます。

❶ 主語 ＋ 動詞

　　カオ　パイ　　[kháu pai]

　　「彼／彼女は行く。」▶ 彼／彼女 ＋ 行く

❷ 動詞 ＋ 目的語

　　パイ　サナームビン　　[pai sanǎambin]

　　「空港に行く。」▶ 行く ＋ 空港

❸ 主語 ＋ 動詞 ＋ 目的語

　　カオ　パイ　サナームビン　　[kháu pai sanǎambin]

　　「彼／彼女は空港に行く。」▶ 彼／彼女 ＋ 行く ＋ 空港

❹ 主語 ＋ 形容詞 （動詞的用法）

　　サナームビン　マイ　　[sanǎambin mài]

　　「空港は新しい。」▶ 空港 ＋ 新しい

Point 目の前の相手に、自分の気持ちや考えを伝える場合（1人称・2人称）は日本語と同様、「私」「あなた」といった主語を省略することが多いです。

❺ 被修飾語（名詞）＋ 修飾語（形容詞）
★後ろから前に修飾

サナームビン　マイ　　[sanǎambin mài]

「新しい空港」　▶　空港 ＋ 新しい

❻ 被修飾語（名詞）＋ 修飾語（名詞）

トゥア　クルアンビン　　[tǔua khrɯ̂ɯaŋbin]

「航空券」　▶　券 ＋ 飛行機

❼ 主語 ＋ 動詞 ＋ 目的語（被修飾語 ＋ 修飾語）

カオ　パイ　サナームビン　マイ

[kháu pai sanǎambin mài]

「彼／彼女は新しい空港に行く。」
　　▶　彼／彼女 ＋ 行く ＋ 新しい空港（空港＋新しい）

❽ 主語 ＋ 動詞 ＋ 動詞 ＋ 目的語（被修飾語 ＋ 修飾語）

カオ　パイ　スー　トゥア　クルアンビン

[kháu pai sɯ́ɯ tǔua khrɯ̂ɯaŋbin]

「彼／彼女は航空券を買いに行く。」
　　▶　彼／彼女 ＋ 行く ＋ 買う ＋ 航空券（券＋飛行機）

Point 動作が連続して行われる場合、その順番で　動詞（＋目的語）　を並べます。

入門講座　文法講座

pen & khɯɯ

CD 14

● それでは「〜は〜である」と言うような、主語と名詞・名詞節をつなぎ合わせる時はどのように表現するのでしょうか？
タイ語にも、英語で言うところの「**be動詞**」(is/am/are)に相当する **ペン** [pen] と **クー** [khɯɯ] という２つの動詞があります。**ペン** [pen] は主に「**人**」の所属・肩書き・職業などを表現する時に使います。

主語 ＋ **ペン／クー** [pen / khɯɯ]（動詞）＋ **目的語**（名詞・名詞節）

❶ 「彼／彼女は日本人です。」

　カオ ペン コン イープン (K)
　[kháu pen khon yîipùn (k)]
　彼／彼女 ＋ 〜である ＋ 日本人（人＋日本）

❷ 「これは本です。」

　ニー クー ナンスー (K)
　[nîi khɯɯ nǎŋsɯ̌ɯ (k)]
　これ ＋ 〜である ＋ 本

❸ 「これは英語の本です。」

　ニー クー ナンスー パーサー アンクリット (K)
　[nîi khɯɯ nǎŋsɯ̌ɯ phaasǎa aŋkrìt (k)]
　これ ＋ 〜である ＋ 本 ＋ 英語（言語＋イギリス）

✤ Memo ✤ ペン／クー [pen / khɯɯ]

① 強調のために使われているので、通常は省略してもかまいません。
② 主語と名詞・名詞節をつなぐ時にしか使いません。

入門講座 文法講座

否定形

● 動詞・形容詞・副詞・助動詞などの述語部分を否定する場合は否定したい単語の前に **マイ** [mâi] を置きます。名詞・名詞節の場合は否定したい単語の前に **マイ チャイ** [mâi chai] を置きます。

❶ 「行かないです。」

> **マイ** パイ (K)
> [mâi pai (k)]

❷ 「辛くないです。」

> **マイ** ペット (K)
> [mâi phèt (k)]

❸ 「彼／彼女は日本人ではありません。」

> カオ **マイ チャイ** コン イープン (K)
> [kháu mâi châi khon yîipùn (k)]

❹ 「これは本ではありません。」

> ニー **マイ チャイ** ナンスー (K)
> [nîi mâi châi năŋsǔɯ (k)]

❺ 「見るのは好きではないです。」

> **マイ** *チョープ *ドゥー (K)
> [mâi chɔ̂ɔp duu (k)]

※❺ は、ドゥー [duu] =「見る（という行為）」が **マイ** ＋ **チョープ** [mâi chɔ̂ɔp] =「好きではない」ということになります。

＊チョープ [chɔ̂ɔp] ── 好きである　　＊ドゥー [duu] ── 見る

疑問形 Part 1

● 肯定文の文末に マイ [mái] をつけると、単純な疑問文（**肯定疑問文**）を作ることができます。ちょっと語尾を上げる感じで発音します。

⚠️ **否定疑問文**と**名詞疑問文**では使えません。（右ページで解説）

❶ 「行きますか？」

パイ マイ (K)
[pai mái (k)]

❷ 「本を持っていますか？」

ミー ナンスー マイ (K)
[mii nǎŋsǔɯ mái (k)]

✥ Memo ✥ ミー 〜 マイ [mii 〜 mái]

ズバリ直訳は「〜を持っていますか？」ですが、ニュアンスとしてはこのような感じで使われています。（詳細は60ページで）

① 〜を持っていますか？

「ペンを持っていますか？」　「お金を持っていますか？」
ミー パーカー マイ (K)　　ミー グン マイ (K)
[mii pàakkaa mái (k)]　[mii ŋən mái (k)]

② 〜はありますか？

「メニューはありますか？」　「時間はありますか？」
ミー メーヌー マイ (K)　　ミー ウェーラー マイ (K)
[mii meenuu mái (k)]　[mii weelaa mái (k)]

③ 〜はいますか？

「子供はいますか？」　「恋人はいますか？」
ミー ルーク マイ (K)　ミー フェーン マイ (K)
[mii lûuk mái (k)]　[mii fɛɛn mái (k)]

🔹 否定疑問文ってどんな文章？

「**行かないんですか？**」（ = 行かない + 〜ですか？）

マイ　パイ　ルー（K）
[mâi　pai　rǔɯ (k)]

● 否定文を疑問として相手に尋ねている訳ですが、
このような場合 マイ [mái] ではなく ルー [rǔɯ] を使います。

● ルー [rǔɯ] は、「Yesの期待＋感情」すなわち「〜なんですか？」
と相手に確認を取るニュアンスと考えれば分かりやすいです。

❶「行くんですか？」

パイ　ルー（K）
[pai　rǔɯ (k)]

❷「本を持ってるんですか？」

ミー　ナンスー　ルー（K）
[mii　nǎŋsǔɯ　rǔɯ (k)]

🔹 名詞疑問文ってどんな文章？

● 30ページで出てきた ペン／クー [pen / khɯɯ] が使われている
（省略されている）文章の疑問形、下の文章で言うと
名詞節「日本人」に対する疑問、この構成が名詞疑問文です。

❶「彼／彼女は日本人なんですか？」

カオ　ペン　コン　イープン　ルー（K） 名詞疑問文
[kháu　pen　khon　yîipùn　rǔɯ (k)]

❷「彼／彼女は日本人ではないんですか？」 名詞疑問文 & 否定疑問文

カオ　マイ　チャイ　コン　イープン　ルー（K）
[kháu　mâi　châi　khon　yîipùn　rǔɯ (k)]

疑問形 Part 2

 CD 17

どっち？ 「どっちなの？」を強調したい疑問文を作りたい時は **ルプラーオ** [rúplàau] を使います。

❶ 「行きますか？」(=行く？ 行かない？ どっち？)
> パイ ルプラーオ (K)
> [pai rúplàau (k)]

❷ 「彼／彼女は日本人ですか？」(=日本人？ 日本人じゃない？ どっち？)
> カオ ペン コン イープン ルプラーオ (K)
> [kháu pen khon yîipùn rúplàau (k)]

ですよね？ Yesを前提として、相手に同意・確認を求めたり、念を押す疑問文を作りたい時は **〜チャイ マイ** [châi mái] を使います。

❶ 「行くんですよね？」
> パイ チャイ マイ (K)
> [pai châi mái (k)]

❷ 「行かないんですよね？」
> マイ パイ チャイ マイ (K)
> [mâi pai châi mái (k)]

❸ 「彼／彼女は日本人なんですよね？」
> カオ ペン コン イープン チャイ マイ (K)
> [kháu pen khon yîipùn châi mái (k)]

❹ 「彼／彼女は日本人ではないんですよね？」
> カオ マイ チャイ コン イープン チャイ マイ (K)
> [kháu mâi châi khon yîipùn châi mái (k)]

● ここで復習です。以下の文章の意味の違いが分かりますか？

❶「これは辛いですか？」

> アン ニー ペット マイ (K)
> [an níi phèt mái (k)]

❷「これは辛いんですか？」

> アン ニー ペット ルー (K)
> [an níi phèt rǔɯ (k)]

❸「これは辛いですか？」(＝辛い？辛くない？どっち？)

> アン ニー ペット ルプラーオ (K)
> [an níi phèt rɯ́plàau (k)]

❹「これは辛いんですよね？」

> アン ニー ペット チャイ マイ (K)
> [an níi phèt châi mái (k)]

❺「これは辛くないんですか？」

> アン ニー マイ ペット ルー (K)
> [an níi mâi phèt rǔɯ (k)]

❻「これは辛くないんですよね？」

> アン ニー マイ ペット チャイ マイ (K)
> [an níi mâi phèt châi mái (k)]

● まとめ　　　　　　　　　　　　　　　〇→使用可　×→使用不可

	肯定疑問文	否定疑問文	名詞疑問文
マイ [mái]	〇	×	×
ルー [rǔɯ]	〇	〇	〇
ルプラーオ [rɯ́plàau]	〇	〇	〇
チャイ マイ [châi mái]	〇	〇	〇

疑問形 Part 3

 CD 18

● 文の最後が ~アイ [ai] で終わる疑問詞が入った時は、とりあえず疑問文だと思ってもOKです。（疑問詞が強調される時は文頭に入ります）それを知っていればタイ人に何か言われた時、「何かを質問されている」ことに気付きます。

What アライ [arai]「なに？」

「これは何ですか？」　ニー　アライ (K)
　　　　　　　　　　[nîi arai (k)]

「名前は何ですか？」　*チュー　アライ (K)
　　　　　　　　　　[chʉ̂ʉ arai (k)]

「何と一緒に食べますか？」　*キン　*カップ　アライ (K)
　　　　　　　　　　　　　　[kin kàp arai (k)]

When ムアライ [mʉ̂ɯarài]「いつ？」

「いつ来ましたか？」　*マー　ムアライ (K)
　　　　　　　　　　[maa mʉ̂ɯarài (k)]

「いつからですか？」　*タンテー　ムアライ (K)
　　　　　　　　　　[tâŋtɛ̀ɛ mʉ̂ɯarài (k)]

---

*チュー [chʉ̂ʉ] ── 名前　　*マー [maa] ── 来る
*キン [kin] ──── 食べる　　*タンテー [tâŋtɛ̀ɛ] ── ~から（時間）
*カップ [kàp] ── ~と（一緒に）

CD 18

Where ティーナイ [thîinǎi]「どこ？」

「空港はどこですか？」　サナームビン *ユー　ティーナイ (K)
　　　　　　　　　　　[sanǎambin yùu thîinǎi (k)]

「彼／彼女はどこにいますか？」　カオ　ユー　ティーナイ (K)
　　　　　　　　　　　　　　　[kháu yùu thîinǎi (k)]

「ここはどこですか？」　ティー　ニー　ティーナイ (K)
　　　　　　　　　　　[thîi nîi thîinǎi (k)]

「どこから来ましたか？」　マー *チャーク　ティーナイ (K)
　　　　　　　　　　　　[maa càak thîinǎi (k)]

Why タムマイ [thammai]「なぜ？」

「なぜ好きなんですか？」　チョープ　タムマイ (K)
　　　　　　　　　　　　[chɔ̂ɔp thammai (k)]

「なぜ好きではないんですか？」　マイ　チョープ　タムマイ (K)
　　　　　　　　　　　　　　　[mâi chɔ̂ɔp thammai (k)]

Because プロワー [phrɔ́wâa] = なぜならば

「なぜならば、とても辛いからです。」　プロワー　ペット *マーク (K)
　　　　　　　　　　　　　　　　　　[phrɔ́wâa phèt mâak (k)]

＊ユー [yùu] ────── ある・いる（詳細は61ページで）
＊チャーク [càak] ── ～から（場所）
＊マーク [mâak] ──── とても

入門講座　文法講座

37

CD 18

Who クライ [khrai] 「だれ？」

「あの人は誰と一緒にいますか？」
　　　　　　　　コン　ナン　ユー　カップ　クライ (K)
　　　　　　　　[khon nán yùu kàp khrai (k)]

「これは誰のものですか？」　アン　ニー　コーン　クライ (K)
　　　　　　　　[an níi khɔ̌ɔŋ khrai (k)]

Whose　コーン クライ [khɔ̌ɔŋ khrai] ＝ 誰のもの？

● A コーン [khɔ̌ɔŋ] B ＝「AはBのもの」

コーン [khɔ̌ɔŋ] は所有格として働く単語です。
省略されることが多いですが、
「誰の所有なのか」ということを強調したい時は必ず使いましょう。

「彼女は私のお母さんです。」
　　　　　　　　カオ　ペン　クン　メー*　コーン　ディチャン (K)
　　　　　　　　[kháu pen khun mɛ̂ɛ khɔ̌ɔŋ dichán (k)]

How to ～ ヤーンライ [yàaŋrai] 「どのように？」

● 話し言葉的な発音 ── **ヤンガイ** [yaŋŋai]

「どのように作りますか？」　　タム* ヤンガイ (K)
　（＝どのようにしますか？）　[tham yaŋŋai (k)]

ヤーンニー [yàaŋníi] ＝ このように

「このように作ります。」　　　タム ヤーンニー (K)
　（＝このようにします。）　　[tham yàaŋníi (k)]

＊メー [mɛ̂ɛ] ── 母　　＊タム [tham] ── する・作る

How 〜 「いくつ？」「いくら？」「どれだけ？」

❶ タオライ [thâurài] … 類別詞をつけずに使えます。

How much
「値段はいくらですか？」　ラーカー　タオライ (K)
　　　　　　　　　　　　[raakhaa thâurài (k)]

How old
「何歳ですか？」　アーユ　タオライ (K)
　　　　　　　　[aayú thâurài (k)]

❷ キー [kìi] … 『キー＋類別詞』の形で使います。

How many
「何個ありますか？」　ミー　キー　アン (K)
　　　　　　　　　　[mii kìi an (k)]

How many times
「何回ですか？」　キー　クラン (K)
　　　　　　　　[kìi khráŋ (k)]

> **Point**　タオライ [thâurài] と キー [kìi] は、日時の表現でも使います（96, 98ページ）

Which 〜ナイ [nǎi] 「どの〜？」

『名詞＋類別詞＋ナイ [nǎi]』が基本ですが、コン [khon] ＝「人」など、類別詞としても使用される名詞の場合は『名詞＋ナイ [nǎi]』になります。

「どのお菓子が美味しいですか？」　＊カノム　アン　ナイ　＊アロイ (K)
　　　　　　　　　　　　　　　　[khanǒm an nǎi arɔ̀y (k)]

「どの人が好きですか？」　チョープ　コン　ナイ (K)
　　　　　　　　　　　　[chɔ̂ɔp khon nǎi (k)]

＊カノム [khanǒm] ── お菓子　　＊アロイ [arɔ̀y] ── 美味しい

未来形

CD 19

❖ 〜するつもり（予定）

チャ[cà] ＋ **動詞**(＋目的語)

「行くつもりです。」

> チャ パイ (K)
> [cà pai (k)]

❖ 〜しないつもり（予定）

チャ[cà] ＋ **マイ[mâi]**(否定) ＋ **動詞**(＋目的語)

「行かないつもりです。」

> チャ マイ パイ (K)
> [cà mâi pai (k)]

❖ 未来形の疑問

チャ[cà] ＋ **動詞**(＋目的語) ＋ **疑問詞**

❶「行くつもりですか？」

> チャ パイ マイ (K)
> [cà pai mái (k)]

❷「いつ行く予定ですか？」

> チャ パイ ムアライ (K)
> [cà pai mûɯarài (k)]

❸「どこに行く予定ですか？」

> チャ パイ ティーナイ (K)
> [cà pai thîinǎi (k)]

入門講座

文法講座

現在進行形

CD 20

～しているところ

● ❶❷❸の例文の訳は、3つとも「ご飯を食べているところです。」となります。

❶ カムラン[kamlaŋ] ＋ **動詞**(+目的語) ＋ **ユー**[yùu]

　カムラン　キン　カーウ　ユー（K）
　[kamlaŋ kin khâaw yùu (k)]

❷ カムラン[kamlaŋ] ＋ **動詞**(+目的語)

　カムラン　キン　カーウ（K）
　[kamlaŋ kin khâaw (k)]

❸ 動詞(+目的語) ＋ **ユー**[yùu]

　キン　カーウ　ユー（K）
　[kin khâaw yùu (k)]

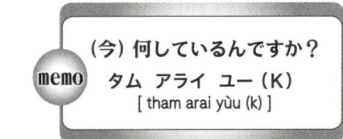

> **memo**　（今）何しているんですか？
> タム　アライ　ユー（K）
> [tham arai yùu (k)]

Point　自分で言う時はどれでもOKですが、聞き取りの為に、3つのパターンを知っておく方がよいでしょう。

今～しようとしているところ

● 現在進行形 **カムラン**[kamlaŋ] と、未来形 **チャ**[cà] を組み合わせます。

カムラン[kamlaŋ] ＋ **チャ**[cà] ＋ **動詞**(+目的語)

「今、ご飯を食べに行こうとしているところです。」

　カムラン　チャ　パイ　キン　カーウ（K）
　[kamlaŋ cà pai kin khâaw (k)]

過去形

CD 21

● タイ語は単語の活用がなく、『過去・現在・未来』全て原形です。
過去形では、文末に **レーウ** [lɛ́ɛw] を付けます。

❶ 「彼／彼女は空港に行きました。」
　　カオ　パイ　サナームビン　**レーウ** (K)
　　[kháu　pai　sanǎambin　lɛ́ɛw (k)]

❷ 「昨日、彼／彼女は空港に行きました。」
　　*ムアワーンニー　カオ　パイ　サナームビン　**レーウ** (K)
　　[mɯ̂ɯawaanníi　kháu　pai　sanǎambin　lɛ́ɛw (k)]

❸ 「5日前、彼／彼女は空港に行きました。」
　　カオ　パイ　サナームビン　*ハー　ワン　ティー**レーウ** (K)
　　[kháu　pai　sanǎambin　hâa　wan　thîilɛ́ɛw (k)]

❹ 「彼／彼女は空港に行って来ました。」
　　カオ　*パイ　サナームビン　マー　**レーウ** (K)
　　[kháu　pai　sanǎambin　maa　lɛ́ɛw (k)]

> **Point** 後のページや巻末の単語集にありますが、「～分前」「～時間前」「～日前」などといった単語では、既に レーウ [lɛ́ɛw] が入っています。

＊ムアワーンニー [mɯ̂ɯawaanníi]――――― 昨日
＊ハー ワン ティーレーウ [hâa wan thîilɛ́ɛw]――― 5日前
＊パイ～マー レーウ [pai ～ maa lɛ́ɛw]――――― ～に行って来た

～しなかった（過去の否定）

マイ[mâi]（否定）＋ ダイ[dâi] ＋ 動詞（＋目的語）

「昨日、空港に行きませんでした。」
※「行くことが出来なかった」という意味が含まれています。

ムアワーンニー　マイ　ダイ　パイ　サナームビン（K）
[mûɯawaanníi mâi dâi pai sanǎambin (k)]

Point
- マイ[mâi]＋動詞（＋目的語）＋レーウ[lɛ́ɛw]の場合は、「もう～しない」という意味になるので注意。
- ダイ[dâi]＝「～できる（可能）」の詳細は58ページで。

まだ～していない（現在完了の否定）

ヤン[yaŋ] ＋ マイ[mâi]（否定）＋ ダイ[dâi] ＋ 動詞（＋目的語）

「まだ空港に行っていません。」
※「行くことが出来ない」という意味が含まれています。

ヤン　マイ　ダイ　パイ　サナームビン（K）
[yaŋ mâi dâi pai sanǎambin (k)]

もうすでに～しましたか？（現在完了の疑問）

動詞（＋目的語）＋ レーウ[lɛ́ɛw] ＋ ルヤン[rúɯyaŋ]

「もうすでに空港に行きましたか？」

パイ　サナームビン　レーウ　ルヤン（K）
[pai sanǎambin lɛ́ɛw rúɯyaŋ (k)]

経験
「～したことがある」

CD 22

❖ ～したことがある（過去の経験）

クーイ [khəəy] ＋ 動詞（＋目的語）

❶ 「行ったことがあります。」

　　クーイ パイ (K)
　　[khəəy pai (k)]

❷ 「空港に行ったことがあります。」

　　クーイ パイ サナームビン (K)
　　[khəəy pai sanǎambin (k)]

❖ ～したことがない（未経験）

マイ [mâi]（否定）＋ クーイ [khəəy] ＋ 動詞（＋目的語）

「行ったことがないです。」

　　マイ クーイ パイ (K)
　　[mâi khəəy pai (k)]

❖ 疑問詞を使う場合

❶ 「行ったことはありますか？」

　　クーイ パイ マイ (K)
　　[khəəy pai mái (k)]

❷ 「いつ行ったことがあるんですか？」

　　クーイ パイ ムアライ (K)
　　[khəəy pai mûɯarài (k)]

入門講座

文法講座

44

必要
「～しなければならない」

🞜 **～しなければならない、～する必要がある**

トン [tôŋ] ＋ 動詞（＋目的語）

❶ 「行かなければならないです。」（＝行く必要があります）

> **トン** パイ（K）
> [tôŋ pai (k)]

❷ 「空港に行かなければならないです。」

> **トン** パイ サナームビン（K）
> [tôŋ pai sanǎambin (k)]

🞜 **～しなくてもよい、～する必要はない**

マイ [mâi]（否定）＋ **トン** [tôŋ] ＋ 動詞（＋目的語）

「行かなくてもいいです。」（＝行く必要はありません）

> **マイ トン** パイ（K）
> [mâi tôŋ pai (k)]

🞜 **疑問詞を使う場合**

❶ 「行かなければいけませんか？」（＝行く必要はありますか？）

> **トン** パイ ルプラーオ（K）
> [tôŋ pai rǔuplàau (k)]

❷ 「なぜ行かなければならないんですか？」

> **トン** パイ タムマイ（K）
> [tôŋ pai thammai (k)]

入門講座

文法講座

義務
「～するべきである」

～するべきである

クアン[khuan] ＋（チャ[cà]省略可）＋ 動詞(+目的語)

❶ 「行くべきです。」
> クアン（チャ）パイ（K）
> [khuan (cà) pai (k)]

❷ 「空港に行くべきです。」
> クアン（チャ）パイ サナームビン（K）
> [khuan (cà) pai sanǎambin (k)]

～するべきではない

マイ[mâi](否定) ＋ クアン[khuan] ＋（チャ[cà]省略可）＋ 動詞(+目的語)

「空港に行くべきではありません。」
> マイ クアン（チャ）パイ サナームビン（K）
> [mâi khuan (cà) pai sanǎambin (k)]

疑問詞を使う場合

❶ 「行くべきですか？」
> クアン（チャ）パイ マイ（K）
> [khuan (cà) pai mái (k)]

❷ 「どこに行くべきですか？」
> クアン（チャ）パイ ティーナイ（K）
> [khuan (cà) pai thîinǎi (k)]

動作の欲求
「〜したい」

🔹 **〜したい**

ヤーク[yàak] + 動詞(+目的語)

❶「ご飯を食べたいです。」
　ヤーク キン カーウ (K)
　[yàak kin khâaw (k)]

❷「ご飯を食べに行きたいです。」（=食事に行きたいです）
　ヤーク パイ キン カーウ (K)
　[yàak pai kin khâaw (k)]

🔹 **〜したくない**

マイ[mâi](否定) + ヤーク[yàak] + 動詞(+目的語)

❶「ご飯を食べたくないです。」
　マイ ヤーク キン カーウ (K)
　[mâi yàak kin khâaw (k)]

❷「ご飯を食べに行きたくないです。」（=食事に行きたくないです）
　マイ ヤーク パイ キン カーウ (K)
　[mâi yàak pai kin khâaw (k)]

🔹 **疑問詞を使う場合**

❶「何を食べたいですか？」
　ヤーク キン アライ (K)
　[yàak kin arai (k)]

❷「食べたくないんですか？」
　マイ ヤーク キン ルー (K)
　[mâi yàak kin rǔɯ (k)]

❸「どこへご飯を食べに行きたいですか？」（=どこへ食事に行きたいですか？）
　ヤーク パイ キン カーウ ティーナイ (K)
　[yàak pai kin khâaw thîinǎi (k)]

物の欲求
「～が欲しい」「～が要る」

CD 26

欲 ヤーク ダイ

◆ ～が欲しい

ヤーク ダイ [yàak dâi] ＋ 名詞

「車が欲しいです。」

ヤーク ダイ ロットヨン*（K）
[yàak dâi rótyon (k)]

＊ロットヨン [rótyon] ―― 車

◆ ～は欲しくない

マイ [mâi]（否定） ＋ ヤーク ダイ [yàak dâi] ＋ 名詞

「車は欲しくないです。」

マイ ヤーク ダイ ロットヨン（K）
[mâi yàak dâi rótyon (k)]

◆ 疑問詞を使う場合

「車は欲しいですか？」

ヤーク ダイ ロットヨン マイ（K）
[yàak dâi rótyon mái (k)]

◆ Memo ◆ ニュアンスの違い

■ ヤーク ダイ 『欲』 ■

願望的な意味合いが強く、『今はお金を持っていないけれど、いつか自分の車が欲しい』というような場合に使います。

要　アオ

🔹 **～が要る**

アオ [au] ＋ 名詞

「これが要ります。」
> **アオ　アン　ニー　(K)**
> [au an níi (k)]

🔹 **～は要らない**

マイ [mâi]（否定）＋ **アオ** [au] ＋ 名詞

「これは要りません。」
> **マイ　アオ　アン　ニー　(K)**
> [mâi au an níi (k)]

🔹 **疑問詞を使う場合**

「これは要りますか？」
> **アオ　アン　ニー　マイ　(K)**
> [au an níi mái (k)]

🔹 Memo 🔹 ニュアンスの違い

■ アオ『要』■
目の前にある物やすぐに準備できる物、もらうことを前提としている場合に使います。お店で買い物や食事をする時によく出てきます。

例えば屋台で ……
― 屋台のおばさん　：何にしますか？　**アオ アライ (K)**　[au arai (k)]
― お客さん　　　　：これにします。　**アオ アン ニー (K)**　[au an níi (k)]
　　　　　　　　　：唐辛子は要らないです。**マイ アオ プリック (K)**　[mâi au phrík (k)]

入門講座　文法講座

依頼
「～してもらえますか？」

CD 27

～してもらえますか？（相手に何かをしてもらいたい場合）

① カルナー[karúnaa] ＋ 動詞(＋目的語)　丁寧な表現

「もう一度おっしゃっていただけますか？」

カルナー *プート *イーク クラン (K)
[karúnaa phûut ìik khráŋ (k)]

② チュアイ[chûay] ＋ 動詞(＋目的語) ＋ ノイ[nɔ̀y]

「もう一度言ってもらえますか？」

チュアイ プート イーク クラン ノイ (K)
[chûay phûut ìik khráŋ nɔ̀y (k)]

Point　ノイ[nɔ̀y] ＝「少し、ちょっと」… お願いする時につけると「ちょっと、すみませんが」的な意味合いになります。

③ チュアイ[chûay] ＋ 動詞(＋目的語) ＋ ダイ マイ[dâi mái]

「もう一度言ってもらえますか？」（＝もう一度言ってもらうことはできますか？）

チュアイ プート イーク クラン *ダイ マイ (K)
[chûay phûut ìik khráŋ dâi mái (k)]

＊プート [phûut] ──── 言う
＊イーク クラン [ìik khráŋ] ─ もう一度、もう一回
＊ダイ [dâi] ──── ～できる（可能）（詳細は58ページで）

🔹 ～に～をさせて下さい（誰かに何かをさせたい場合）

（チュアイ）＋ ハイ[hâi] ＋ させたい人 ＋ 動詞(+目的語) ＋（ノイ）

「彼／彼女に本を買いに行かせて下さい。」

> （チュアイ）ハイ カオ パイ スー ナンスー（ノイ）(K)
> [(chûay) hâi kháu pai súw nǎŋsǔw (nɔ̀y) (k)]

🔹 私に～させて下さい（自分がしたい場合）

コー[khɔ̌ɔ] ＋（一人称）＋ 動詞(+目的語) ＋ ノイ[nɔ̀y] ／ダイ マイ[dâi mái]

「(私に)見せて下さい。」(=私に見させて下さい)

❶ コー（ポム／ディチャン）ドゥー ノイ (K)
[khɔ̌ɔ (phǒm / dichán) duu nɔ̀y (k)]

❷ コー（ポム／ディチャン）ドゥー ダイ マイ (K)
[khɔ̌ɔ (phǒm / dichán) duu dâi mái (k)]

🔹 コー [khɔ̌ɔ] について

● コー [khɔ̌ɔ] は依頼で使う他に、「～を下さい」と相手に物を要求する場合でも使います。

コー[khɔ̌ɔ] ＋ 名詞 ＋ ノイ[nɔ̀y]

「水を下さい。」

> コー ナーム* ノイ (K)
> [khɔ̌ɔ náam nɔ̀y (k)]

＊ナーム [náam] ── 水

使役
「～してあげる」「～させる」

🎧 CD 28

● ハイ [hâi] は「与える（あげる）」という意味の動詞です。
少々難しい使い方なので、関連表現も含めて簡単にふれておきます。

❶「本をあげます。」

　ハイ　ナンスー（K）
　[hâi　nǎŋsɯ̌ɯ (k)]

❷「彼／彼女にあげます。」

　ハイ　カオ（K）
　[hâi　kháu (k)]

❸「彼／彼女に本をあげます。」

　ハイ　ナンスー　カオ（K）
　[hâi　nǎŋsɯ̌ɯ　kháu (k)]

～してあげる

（する人）＋ 動詞(+目的語) ＋ ハイ[hâi] ＋（してあげる相手）

❶「（あなたのために）本を買ってあげます。」

　スー　ナンスー　ハイ　クン（K）
　[sɯ́ɯ　nǎŋsɯ̌ɯ　hâi　khun (k)]

❷「（あなたのために）本を買いに行ってあげます。」

　パイ　スー　ナンスー　ハイ　クン（K）
　[pai　sɯ́ɯ　nǎŋsɯ̌ɯ　hâi　khun (k)]

～させる

ハイ[hâi] ＋（させる人）＋ 動詞(+目的語)

「彼／彼女に本を買いに行かせます。」

　ハイ　カオ　パイ　スー　ナンスー（K）
　[hâi　kháu　pai　sɯ́ɯ　nǎŋsɯ̌ɯ (k)]

禁止 & 命令
「〜しないで下さい」「〜して下さい」

CD 29

🔸 〜しないで下さい

ヤー [yàa] ＋ **動詞**(＋目的語)

❶ 「行かないで下さい。」

> **ヤー パイ (K)**
> [yàa pai (k)]

❷ 「本を買いに行かないで下さい。」

> **ヤー パイ スー ナンスー (K)**
> [yàa pai sɯ́ɯ nǎŋsɯ̌ɯ (k)]

Point 58ページに ダイ[dâi] を使った禁止表現がありますが、ヤー[yàa] の場合は「〜するのを止めてほしい」というニュアンスが強いです。

🔸 〜しなさい

動詞(＋目的語) ＋ **シ [sì]**　命令調

「行きなさい。」(＝行けよ)

> **パイ シ**
> [pai sì]

動詞(＋目的語) ＋ **ノイ [nɔ̀y]** ＋ **シ [sì]**　お願い調

「行きなさい。」(＝ちょっと行ってよ)

> **パイ ノイ シ (K)**
> [pai nɔ̀y sì (k)]

Point 目上や年上の人に使う時は注意しましょう。

比較級 & 最上級
「より〜」 「最も〜」

🎧 CD 30

❖ Aは、Bより〜である

A ＋ 形容詞(副詞) ＋ クワー[kwàa] ＋ B

❶ 「これよりも良いです。」
　　ディー クワー ニー (K)
　　[dii kwàa níi (k)]

❷ 「それはこれよりも良いです。」
　　ナン ディー クワー ニー (K)
　　[nân dii kwàa nîi (k)]

❸ 「これより新しいのはありますか？」
　　ミー マイ クワー ニー マイ (K)
　　[mii mài kwàa níi mái (k)]

❖ Aは、最も〜である

A ＋ 形容詞(副詞) ＋ ティースット[thîisùt]

❶ 「これが最も良いです。」(=一番良い)
　　ニー ディー ティースット (K)
　　[nîi dii thîisùt (k)]

❷ 「これが最も良くないです。」(=一番悪い)
　　ニー マイ ディー ティースット (K)
　　[nîi mâi dii thîisùt (k)]

❸ 「どれが最も良いですか？」(=一番良い)
　　アン ナイ ディー ティースット (K)
　　[an nǎi dii thîisùt (k)]

比較級と最上級の例

	原形	比較級	最上級
①	良い ディー [dii]	～より良い ディー クワー～ [dii kwàa]	一番良い ディー ティースット [dii thîisùt]
②	楽しい サヌック [sanùk]	～より楽しい サヌック クワー～ [sanùk kwàa]	一番楽しい サヌック ティースット [sanùk thîisùt]
③	新しい マイ [mài]	～より新しい マイ クワー～ [mài kwàa]	一番新しい マイ ティースット [mài thîisùt]
④	好き チョープ [chɔ̂ɔp]	～より好き チョープ クワー～ [chɔ̂ɔp kwàa]	一番好き チョープ ティースット [chɔ̂ɔp thîisùt]
⑤	美味しい アロイ [arɔ̀y]	～より美味しい アロイ クワー～ [arɔ̀y kwàa]	一番美味しい アロイ ティースット [arɔ̀y thîisùt]
⑥	速い レウ [rew]	～より速い レウ クワー～ [rew kwàa]	一番速い レウ ティースット [rew thîisùt]
⑦	遅い チャー [cháa]	～より遅い チャー クワー～ [cháa kwàa]	一番遅い チャー ティースット [cháa thîisùt]
⑧	暑い ローン [rɔ́ɔn]	～より暑い ローン クワー～ [rɔ́ɔn kwàa]	一番暑い ローン ティースット [rɔ́ɔn thîisùt]
⑨	高い ペーン [phɛɛŋ]	～より高い ペーン クワー～ [phɛɛŋ kwàa]	一番高い ペーン ティースット [phɛɛŋ thîisùt]
⑩	安い トゥーク [thùuk]	～より安い トゥーク クワー～ [thùuk kwàa]	一番安い トゥーク ティースット [thùuk thîisùt]
⑪	易しい(簡単) ガーイ [ŋâay]	～より易しい(より簡単) ガーイ クワー～ [ŋâay kwàa]	一番易しい(一番簡単) ガーイ ティースット [ŋâay thîisùt]

勧誘 & 推奨
「～しましょう」「～する方がいい」

CD 31

入門講座
文法講座

❖ ～しましょう

動詞(＋目的語) ＋ (ドゥアイ [dûay]) ＋ カン ナ／タ [kan ná / thè]

Point
～ドゥアイ [dûay] ＝「一緒に～」
カン ナ／タ [kan ná / thè] 単独でも誘っている（＝一緒にしましょう）
という意味になるので ドゥアイ [dûay] は省略される事が多いです。

❶「(一緒に)空港に行きましょう。」
　パイ サナームビン (ドゥアイ) カン ナ (K)
　[pai sanǎambin (dûay) kan ná (k)]

❷「(一緒に)ご飯を食べに行きましょう。」
　パイ キン カーウ (ドゥアイ) カン タ (K)
　[pai kin khâaw (dûay) kan thè (k)]

❖ ～する方がいい

動詞(＋目的語) ＋ ディー クワー [dii kwàa]

● 54ページ「比較表現」の応用バージョンです。
　ディー クワー [dii kwàa] の後には、比較対象の動作が隠れているのです。

「(遊びに行くよりも)ご飯を食べに行く方がいいです。」
　パイ キン カーウ ディー クワー (パイ ティーアウ) (K)
　[pai kin khâaw dii kwàa (pai thîiaw) (k)]

＊パイ ティーアウ [pai thîiaw] ──── 遊びに行く

推量 & 仮定
「〜かもしれない」「もし〜ならば」 CD 32

〜かもしれない

アー チャ [àat cà] ＋ **動詞**(＋目的語)

❶「行くかもしれないです。」
　アー チャ パイ (K)
　[àat cà pai (k)]

❷「行かないかもしれないです。」
　アー チャ マイ パイ (K)
　[àat cà mâi pai (k)]

もし〜ならば

ター [thâa] ＋ 仮定する文章 ＋ 結果の文章

❶「もしあなたが行くならば、私も行くつもりです。」
　ター クン パイ ディチャン *コー チャ パイ (K)
　[thâa khun pai dichán kôɔ cà pai (k)]

❷「行けたら行きます。」(＝もし行くことが出来るならば、行くつもりです。)
　ター パイ *ダイ チャ パイ (K)
　[thâa pai dâi cà pai (k)]

❷では「私」という主語が2ヶ所省略されています。どの部分か分かりますか？

「もし(私が)行くことが出来るならば、(私は)行くつもりです。」
　ター (ポム/ディチャン) パイ ダイ (ポム/ディチャン) チャ パイ (K)
　[thâa (phǒm / dichán) pai dâi (phǒm / dichán) cà pai (k)]

＊〜コー [kɔ̂ɔ] ── 〜もまた　　＊ダイ [dâi] ──── 〜できる(可能)(詳細は58ページで)

可能
「～することができる」

CD 33

❖ ～することができる(可能) & ～してもよい(許可)

動詞(+目的語) ＋ **ダイ** [dâi]

❶「僕は行く事が出来ます。」
（＝僕が行ってもいいです。）

　　ポム　パイ　ダイ (K)
　　[phǒm pai dâi (k)]

❷「あなたは行く事が出来ます。」
（＝あなたが行ってもいいです。）

　　クン　パイ　ダイ (K)
　　[khun pai dâi (k)]

❖ ～することができない(不可能) & ～してはいけない(禁止)

動詞(+目的語) ＋ **マイ** [mâi](否定) ＋ **ダイ** [dâi]

❶「僕は行く事が出来ません。」

　　ポム　パイ　マイ　ダイ (K)
　　[phǒm pai mâi dâi (k)]

❷「あなたは行く事が出来ません。」
（＝あなたが行ってはいけません。）

　　クン　パイ　マイ　ダイ (K)
　　[khun pai mâi dâi (k)]

❖ ～することができますか？ & ～してもらえますか？(依頼)

動詞(+目的語) ＋ **ダイ** [dâi] ＋ **マイ** [mái](疑問)

❶「僕が行く事は出来ますか？」
（＝僕が行ってもいいですか？）

　　ポム　パイ　ダイ　マイ (K)
　　[phǒm pai dâi mái (k)]

❷「あなたは行く事が出来ますか？」
（＝あなたに行ってもらえますか？）

　　クン　パイ　ダイ　マイ (K)
　　[khun pai dâi mái (k)]

● このように **ダイ** [dâi] には、物理的な可能・不可能、許可、禁止、依頼の意味があり、43ページにもあるように語順によっては過去を表すことも出来るのです。まずはシチュエーションを思い浮かべて、話者と主語、そして話している相手に注意すれば理解しやすいでしょう。

ダイ [dâi] 以外の可能・不可能表現

🎧 CD 33

✦ 【知識・能力・経験】

`動詞(+目的語)` ＋ **ペン** [pen]

❶ 「車を運転できます。」
　（＝車の運転方法を知っています。）
　　　＊カップ ＊ロット ペン (K)
　　　[khàp rót pen (k)]

❷ 「車を運転できません。」
　（＝車の運転方法を知りません。）
　　　カップ ロット マイ ペン (K)
　　　[khàp rót mâi pen (k)]

❸ 「車を運転できますか？」
　（＝車の運転方法を知ってますか？）
　　　カップ ロット ペン マイ (K)
　　　[khàp rót pen mái (k)]

✦ 【精神的・肉体的】

`動詞(+目的語)` ＋ **ワイ** [wǎi]

❶ 「車を運転できます。」
　（→我慢できる）
　　　カップ ロット ワイ (K)
　　　[khàp rót wǎi (k)]

❷ 「車を運転できません。」
　（→我慢できない）
　　　カップ ロット マイ ワイ (K)
　　　[khàp rót mâi wǎi (k)]

❸ 「車を運転できますか？」
　（→我慢できるか？）
　　　カップ ロット ワイ マイ (K)
　　　[khàp rót wǎi mái (k)]

＊カップ [khàp] ── 運転する　　＊ロット [rót] ── 車

存在 & 所在

CD 34

✥ ミー [mii] の動詞的な意味 →【持っている、所有している】

主語(場所) ＋ ミー [mii] ＋ 人／物

● 【場所】が主語になった場合、人や物の『存在』を表します。

お客さんの問いかけ（疑問）

❶「（このお店に）本はありますか？」(=置いてますか？)

　（ラーン　ニー）ミー　ナンスー　マイ (K)
　[(ráan níi)　mii　nǎŋsǔɯ　mái (k)]

店員さんの応対（肯定）

❷「（このお店に）本はあります。」(=置いてます。)

　（ラーン　ニー）ミー　ナンスー (K)
　[(ráan níi)　mii　nǎŋsǔɯ (k)]

店員さんの応対（否定）

❸「（このお店に）本はありません。」(=置いてません。)

　（ラーン　ニー）マイ　ミー　ナンスー (K)
　[(ráan níi)　mâi　mii　nǎŋsǔɯ (k)]

● 文中で省略されている主語 →（このお店に）という【場所】

● お店という【場所】が主語になっていて『店には本があるのかどうか』
言い換えると『店に本は存在しているのかどうか』ということになります。

● 32ページにもありますが、ミー [mii] は直訳としては「持っている」という
所有状態を表現する動詞と考えると分かりやすいでしょう。

＊ラーン [ráan] ── お店

ユー [yùu] の動詞的な意味 →【住む、生活する】

主語(人/物) ＋ ユー [yùu] ＋ 場所

● 【人や物】が主語になった場合、その『所在』を表します。

お客さんの問いかけ（疑問）

❶「本はどこにありますか？」

ナンスー　ユー　ティーナイ（K）
[nǎŋsɯ̌ɯ　yùu　thîinǎi (k)]

店員さんの応対（肯定）

❷「本はあそこにあります。」

ナンスー　ユー　ティー　ナン（K）
[nǎŋsɯ̌ɯ　yùu　thîi　nân (k)]

> **memo**
> ティー [thîi]
> ＝「〜で」、「〜に」、「〜の」
> 場所を表す前置詞としても
> 使われます。
> (例)ティー　イープン [thîi yîipun]
> ＝「日本で」、「日本に」、「日本の」

店員さんの応対（否定）

❸「本はここにはありません。」

ナンスー　マイ　ユー　ティー　ニー（K）
[nǎŋsɯ̌ɯ　mâi　yùu　thîi　nîi (k)]

Point

❸で「本はここにはありません」ということは、
本はそこに存在していないのだから
マイ ミー [mâi mii] を使うべきなのではと思いませんか？

○ お客さん …… 店には「本がある（存在している）」と知っている
○ 店員さん …… 店に本はあるが「ここには無い（所在していない）」

店員さんのニュアンスとしては「この棚には無いけど、あっちの棚にならある。」
「たぶんあるんじゃないかな、でもこのエリアには無い。」という感じです。
もちろん、もともと本を置いていない店ならば、店員さんの対応は当然
マイ ミー [mâi mii] になります。人や物が、その場所に存在しているのを
知っているという前提で、その所在について表現する時は ユー [yùu] を使います。

間違えやすいシチュエーション

● 存在の ミー [mii] と所在の ユー [yùu] に関して、特に
『人の存在と所在』を説明する時に定番と言ってもいい例文があります。

【シチュエーション】
Aさんが会社（家・店など）に電話・訪問して、「山田さんはその会社に在籍している」という事を知っている、もしくは思い込んでいる、という前提で相手に話しかけています。

Aさんの問いかけ（疑問）

❶「山田さんはいますか？」

クン　ヤマダ　ユー　マイ　(K)
[khun yamada yùu mái (k)]

会社の応対（肯定）

❷「山田さんはここにいます。」

クン　ヤマダ　ユー　ティー　ニー　(K)
[khun yamada yùu thîi nîi (k)]

会社の応対（否定）

❸「山田さんはここにはいません。」

クン　ヤマダ　マイ　ユー　ティー　ニー　(K)
[khun yamada mâi yùu thîi nîi (k)]

【在席していない】 ＝『（食事や外出などで）席を外しております…』

❹「（ここには）山田さんはいません。」

（ティー　ニー）マイ　ミー　クン　ヤマダ　(ユー)　(K)
[(thîi nîi) mâi mii khun yamada (yùu) (k)]

【在籍していない】 ＝『当社には山田という名前の人間はおりません…』

一夜漬け タイ語

Part 2 場面別フレーズ集

まずはこれだけ！
ศัพท์ที่มักใช้ในชีวิตประจำวัน

1 おはよう・こんにちは・こんばんは・さようなら

サワッディー (K)
sawàtdii (k)
สวัสดี (K)

2 ごめんなさい・すみません

コートート (K)
khɔ̌ɔthôot (k)
ขอโทษ (K)

3 ありがとう。

コープクン (K)
khɔ̀ɔpkhun (k)
ขอบคุณ (K)

4 はじめまして。

インディー ティー ダイ ルーチャック (K)
yindii thîi dâi rúucàk (k)
ยินดีที่ได้รู้จัก (K)

5 また会いましょう。

チュー カン マイ (K)
cəə kan mài (k)
เจอกันใหม่ (K)

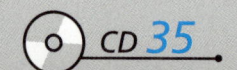

CD 35

6 大丈夫・どういたしまして

マイ ペン ライ（K）
mâi pen rai (k)
ไม่เป็นไร (K)

7 お元気ですか？

サバーイ ディー マイ（K）
sabaay dii mái (k)
สบายดีไหม (K)

8 元気です。

サバーイ ディー（K）
sabaay dii (k)
สบายดี (K)

9 あまり元気ではありません。

マイ コイ サバーイ（K）
mâi khɔ̂y sabaay (k)
ไม่ค่อยสบาย (K)

10 具合が悪いです。

マイ サバーイ（K）
mâi sabaay (k)
ไม่สบาย (K)

場面別フレーズ集 まずはこれだけ！

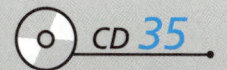

まずはこれだけ！
ศัพท์ที่มักใช้ในชีวิตประจำวัน

11 分かりました。
カオチャイ（K）
khâucai (k)
เข้าใจ (K)

12 分かりません。
マイ　カオチャイ（K）
mâi khâucai (k)
ไม่เข้าใจ (K)

13 知りません。
マイ　ルー（K）
mâi rúu (k)
ไม่รู้ (K)

14 はい、そうです。
チャイ（K）
châi (k)
ใช่ (K)

15 いいえ、ちがいます。
マイ　チャイ（K）
mâi châi (k)
ไม่ใช่ (K)

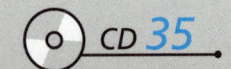

16 これはいくらですか？

ニー ラーカー タオライ（K）

nîi raakhaa thâurài (k)

นี่ราคาเท่าไร (K)

17 (値段が)高すぎます。

ペーン パイ（K）

phɛɛŋ pai (k)

แพงไป (K)

18 安くしてもらえませんか？(=まけてもらえませんか？)

ロット ノイ ダイ マイ（K）

lót nɔ̀y dâi mái (k)

ลดหน่อยได้ไหม (K)

19 どうかしましたか？

ペン アライ マイ（K）

pen arai mái (k)

เป็นอะไรไหม (K)

20 なんでもないです。

マイ ミー アライ（K）

mâi mii arai (k)

ไม่มีอะไร (K)

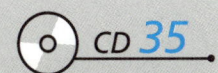

場面別フレーズ集　まずはこれだけ！

CD 35

まずはこれだけ！
ศัพท์ที่มักใช้ในชีวิตประจำวัน

21　トイレはどこですか？

ホンナーム　ユー　ティーナイ（K）
hôŋnáam yùu thîinǎi (k)
ห้องน้ำอยู่ที่ไหน (K)

22　冗談です。

プート　レン（K）
phûut lên (k)
พูดเล่น (K)

23　本当です。

プート　チン（K）
phûut ciŋ (k)
พูดจริง (K)

✦ Memo ✦　『サワッディー（K）』

「おはよう」「こんにちは」「こんばんは」「さようなら」
４つとも全部　サワッディー（K）って言うの？

アルンサワット [arunsawàt (k)] ･･･「おはよう」
ラーコーン [laakɔ̂ɔn (k)] ･･･「さようなら」
という表現もありますが、初心者の方は、一日中使えるオールマイティな
サワッディー（K） [sawàtdii (k)] を使いましょう！

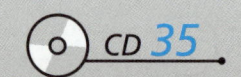

場面別フレーズ集　まずはこれだけ！

CD 35

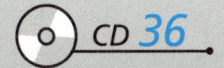

あいづち
พยักหน้าตอบรับ

1　そうですね。
　チン　ナ　（K）
　ciŋ ná (k)
　จริงนะ (K)

2　ちょっと待って下さい。
　ロー　ディアウ　（K）
　rɔɔ dǐiaw (k)
　รอเดี๋ยว (K)

3　～ですよね？
　～チャイ　マイ　（K）
　～châi mái (k)
　～ใช่ไหม (K)

4　本当ですか？・へぇ～、そうなんですか
　チン　ルー　（K）
　ciŋ rɯ̌ɯ (k)
　จริงหรือ (K)

5　了解です・OKです
　オーケー　（K）
　oo khee (k)
　โอเค (K)

場面別フレーズ集　あいづち

自己紹介

แนะนำตัว

1 私の名前は 山田 です。

ポム／ディチャン　チュー　ヤマダ　(K)
phǒm / dichán chŵw yamada (k)
ผม / ดิฉันชื่อ ยามาดะ (K)

2 日本 から来ました。

マー　チャーク　イープン　(K)
maa càak yîipùn (k)
มาจาก ญี่ปุ่น (K)

3 私はタイの 言葉 が好きです。

ポム／ディチャン　チョープ　パーサー　タイ　(K)
phǒm / dichán chɔ̂ɔp phaasǎa thai (k)
ผม / ดิฉันชอบ ภาษา ไทย (K)

4 私は 20 才です。

ポム／ディチャン　アーユ　イーシップ　ピー　(K)
phǒm / dichán aayú yîisìp pii (k)
ผม / ดิฉันอายุ ยี่สิบ ปี (K)

5 タイへは 初めて 来ました。

マー　ムアン　タイ　ペン　クラン　レーク　(K)
maa mɯɯaŋ thai pen khráŋ rɛ̂ɛk (k)
มาเมืองไทย เป็นครั้งแรก (K)

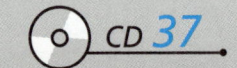

□ の言葉を入れ替えると、新しい会話ができます

1 自分の名前を入れましょう。

2 国名・都市名など場所名を入れ替えてみましょう！

3

人	コン khon	คน
料理	アーハーン aahǎan	อาหาร
ファッション	フェーチャン fɛɛchân	แฟชั่น
国	プラテート pràthêet	ประเทศ

4 数字を入れ替えてみましょう！

P.20 「数字講座」参照

5

～回目	クラン ティー ～ khráŋ thîi ~	ครั้งที่~
仕事で	プア ガーン phɯ̂a ŋaan	เพื่องาน
観光で	プア トンティーアウ phɯ̂a thôŋthîiaw	เพื่อท่องเที่ยว

場面別フレーズ集　自己紹介

お仕事は？
ทำงาน

1 あなたのお仕事は何ですか？
クン タム ガーン アライ (K)
khun tham ŋaan arai (k)
คุณทำงานอะไร (K)

2 私は 会社員 です。
ポム／ディチャン ペン パナックガーン (K)
phǒm / dichán pen phanákŋaan (k)
ผม / ดิฉันเป็น พนักงาน (K)

3 バンコク で仕事をしています。
タム ガーン ティー クルンテープ (K)
tham ŋaan thîi kruŋthêep (k)
ทำงานที่ กรุงเทพฯ (K)

4 お仕事は 楽しい ですか？
ガーン サヌック マイ (K)
ŋaan sanùk mái (k)
งาน สนุก ไหม (K)

5 日曜日 はお休みですか？
ワン アーティット ユット マイ (K)
wan aathít yùt mái (k)
วันอาทิตย์ หยุดไหม (K)

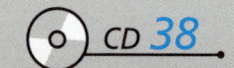

CD 38

☐ の言葉を入れ替えると、新しい会話ができます

2

先生	アーチャーン aacaan	อาจารย์
学生	ナックリアン nákriian	นักเรียน
セールスマン	パナックガーン カーイ phanákŋaan khǎay	พนักงานขาย
店員	パナックガーン ラーン phanákŋaan ráan	พนักงานร้าน

3

日本	イープン yîipùn	ญี่ปุ่น

場所名・会社名を入れ替えてみましょう！

4

大変	ナック nàk	หนัก
忙しい	ユン yûŋ	ยุ่ง

5

土曜日	ワン サオ wan sǎu	วันเสาร์
お正月	チュアン ピーマイ chûaŋ piimài	ช่วงปีใหม่

P.134, 136 単語集【日・月・年】,【暦】参照

場面別フレーズ集　お仕事は？

両替する
แลกเงิน

1 円をバーツに両替したいのですが。

コー レーク イェーン ペン バート ノイ (K)

khɔ̌ɔ lɛ̂ɛk yeen pen bàat nɔ̀y (k)

ขอแลกเยนเป็นบาทหน่อย (K)

2 両替をお願いします。

コー レーク グン ノイ (K)

khɔ̌ɔ lɛ̂ɛk ŋən nɔ̀y (k)

ขอแลกเงินหน่อย (K)

3 これを細かくして下さい。(＝くずして下さい)

コー レーク ハイ ヨイ クワー ニー ノイ (K)

khɔ̌ɔ lɛ̂ɛk hâi yɔ̂y kwàa níi nɔ̀y (k)

ขอแลกให้ย่อยกว่านี้หน่อย (K)

4 レートはいくらですか？

レート タオライ (K)

rèet thâurài (k)

เรตเท่าไร (K)

5 レートが安すぎます。

レート トゥーク クーンパイ (K)

rèet thùuk kəənpai (k)

เรตถูกเกินไป (K)

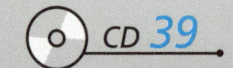

CD 39

お礼・感謝
ขอบคุณ

1 とても助かりました。
チュアイ ダイ ユ ルーイ (K)
chûay dâi yá ləəy (k)
ช่วยได้เยอะเลย (K)

2 どうもありがとうございます。
コープクン マーク (K)
khɔ̀ɔpkhun mâak (k)
ขอบคุณมาก (K)

3 もう十分です。
ポー レーウ (K)
phɔɔ lɛ́ɛw (k)
พอแล้ว (K)

4 ごちそうさまでした。
イム レーウ (K)
ìm lɛ́ɛw (k)
อิ่มแล้ว (K)

5 色々とお世話になりました。
コープクン サムラップ トゥックシン (K)
khɔ̀ɔpkhun sǎmràp thúksìŋ (k)
ขอบคุณสำหรับทุกสิ่ง (K)

CD 40

タクシーに乗る
ขึ้นแท็กซี่

1 スワンナプーム空港 までお願いします。

パイ スワンナプーム ナ (K)
pai sùwannaphuum ná (k)
ไป สุวรรณภูมิ นะ (K)

2 あそこで 止めて下さい。

チョート ティー ナン ドゥアイ (K)
cɔ̀ɔt thîi nân dûay (k)
จอด ที่นั้น ด้วย (K)

3 メーターを使って下さい。

チュアイ プート ミッター ドゥアイ (K)
chûay pə̀ət mítə̂ə dûay (k)
ช่วยเปิดมิเตอร์ด้วย (K)

4 急いで 下さい。

チュアイ リープ ノイ (K)
chûay rîip nɔ̀y (k)
ช่วย รีบ หน่อย (K)

5 タクシー を呼んで下さい。

チュアイ リアック テクシー ノイ (K)
chûay rîiak théksîi nɔ̀y (k)
ช่วยเรียก แท็กซี่ หน่อย (K)

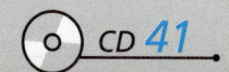

CD 41

□ の言葉を入れ替えると、新しい会話ができます

1 場所名を入れ替えてみましょう！

P.150 単語集【観光スポット】参照

2

次の角	ムン トー パイ mum tɔ̀ɔ pai	มุมต่อไป
ここ	ティー ニー thîi nîi	ที่นี่
もう少し先	タット パイ イーク ニット thàt pai ìik nít	ถัดไปอีกนิด

4

ゆっくりして	チャー チャー cháa cháa	ช้า ช้า

5

トゥクトゥク	トゥク トゥク túk túk	ตุ๊กตุ๊ก
バイクタクシー	モーターサイ ウィン mɔɔtəəsai win	มอเตอร์ไซด์วิน

場面別フレーズ集　タクシーに乗る

77

ホテルで
ที่โรงแรม

1 部屋 は空いてますか？
ミー ホン ワーン マイ (K)
mii hôŋ wâaŋ mái (k)
มี ห้อง ว่างไหม (K)

2 1泊いくらですか？
ヌン クーン タオライ (K)
nɯ̀ŋ khɯɯn thâurài (k)
หนึ่ง คืนเท่าไร (K)

3 2人でいくらですか？
ソーン コン タオライ (K)
sɔ̌ɔŋ khon thâurài (k)
สอง คนเท่าไร (K)

4 チェックアウト は何時ですか？
チェック アオ キー モーン (K)
chék áu kìi mooŋ (k)
เช็กเอาต์ กี่โมง (K)

5 ルームサービス をお願いします。
トー ルーム サーウィット ドゥアイ (K)
tɔ̀ɔ ruum səəwìt dûay (k)
ต่อรูมเซอร์วิส ด้วย (K)

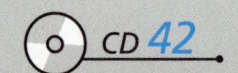

CD 42

□ の言葉を入れ替えると、新しい会話ができます

1
シングルルーム	ホン ディアウ hôŋ dìiaw	ห้องเดี่ยว
ツインルーム	ホン ディアウ ティーアン クー hôŋ dìiaw tiiaŋ khûu	ห้องเดี่ยว เตียงคู่
ダブルルーム	ホン ディアウ ティーアン ヤイ hôŋ dìiaw tiiaŋ yài	ห้องเดี่ยว เตียงใหญ่
スイートルーム	ホン ピセート hôŋ phísèet	ห้องพิเศษ

2 3
数字を入れ替えてみましょう！

P.20 「数字講座」参照

4
チェックイン	チェック イン chék in	เช็กอิน

5
モーニングコール	プルック トーン チャーオ plùk tɔɔn cháau	ปลุกตอนเช้า
ルームメーキング	タム クワームサアート ホン tham khwaamsàaat hôŋ	ทำความสะอาดห้อง

場面別フレーズ集　ホテルで

お食事
อาหาร

P.137-139 単語集【食事】,【食材・野菜・果物】,【飲み物・デザート】参照

1 ソムタム はありますか？
ミー ソムタム マイ (K)
mii sômtam mái (k)
มี ส้มตำ ไหม (K)

2 メニューを下さい。
コー メーヌー ノイ (K)
khɔ̌ɔ meenuu nɔ̀y (k)
ขอเมนูหน่อย (K)

3 辛く しないで下さい。
ヤー タム ペット ナ (K)
yàa tham phèt ná (k)
อย่าทำ เผ็ด นะ (K)

4 早く持って来て下さい。
コー レウ レウ ノイ (K)
khɔ̌ɔ rew rew nɔ̀y (k)
ขอเร็วๆ หน่อย (K)

5 おすすめ料理は何ですか？
ミー アーハーン アライ ネナム バーン (K)
mii aahǎan arai nɛ́nam bâaŋ (k)
มีอาหารอะไรแนะนำบ้าง (K)

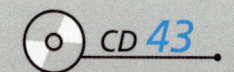

CD 43

☐ の言葉を入れ替えると、新しい会話ができます

1 P.137 単語集【食事】参照

3

甘く	ワーン wǎan	หวาน
しょっぱく	ケム khem	เค็ม
苦く	コム khǒm	ขม
酸っぱく	プリーアウ prîiaw	เปรี้ยว

場面別フレーズ集 お食事

おすすめは？
มีอะไรน่าแนะนำ

1 ここの 名物 は何ですか？

シンカー ティー クン チューー コーン ティー ニー クー アライ (K)
sǐnkháa thîi khûn chûɯ khɔ̌ɔŋ thîi nîi khɯɯ arai (k)
สินค้าที่ ขึ้นชื่อ ของที่นี่คืออะไร (K)

2 どこに行けば 買え ますか？

チャ スー ダイ ティーナイ (K)
cà sɯ́ɯ dâi thîinǎi (k)
จะ ซื้อ ได้ที่ไหน (K)

3 どれが一番好きですか？

チョープ アン ナイ ティースット (K)
chɔ̂ɔp an nǎi thîisùt (k)
ชอบอันไหนที่สุด (K)

4 いい 店 を教えて下さい。

チュアイ ボーク ラーン ディー ディー ハイ ノイ (K)
chûay bɔ̀ɔk ráan dii dii hâi nɔ̀y (k)
ช่วยบอก ร้าน ดีๆ ให้หน่อย (K)

5 今、 どんなタイプ が流行ってますか？

トーンニー ベープ ナイ ペン ティー ニヨム カン ユー (K)
tɔɔnníi bɛ̀ɛp nǎi pen thîi níyom kan yùu (k)
ตอนนี้ แบบไหน เป็นที่นิยมกันอยู่ (K)

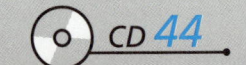

CD 44

> ☐ の言葉を入れ替えると、新しい会話ができます

1

おススメ	ナー ネナム nâa nénam	น่าแนะนำ
人気商品	ペン ティー ニヨム pen thîi níyom	เป็นที่นิยม

2

見られ	ドゥー duu	ดู
食べられ	キン kin	กิน
乗れ	クン khûn	ขึ้น

P.128-130 単語集【基本の動詞】参照

4

場所	サターンティー sathǎanthîi	สถานที่

5

どんなファッション	フェーチャン ベープ ナイ fɛɛchân bɛ̀ɛp nǎi	แฟชั่นแบบไหน
どんな歌	プレーン ネーウ ナイ phleeŋ nɛɛw nǎi	เพลงแนวไหน
どんな料理	アーハーン ベープ ナイ aahǎan bɛ̀ɛp nǎi	อาหารแบบไหน

場面別フレーズ集 おすすめは？

どうやって乗るの？
ขึ้น~อย่างไร

1 この バス はどうやって利用するんですか？
チャ クン ロットメー ニー タム ヤンガイ ディー (K)
cà khûn rótmee níi tham yaŋŋai dii (k)
จะขึ้น รถเมล์ นี้ทำยังไงดี (K)

★「ロットメー」は
バンコク市内のバスの呼び方。

2 この 船 はどこまで行くんですか？
ルーア ニー チャ パイ トゥン ナイ (K)
rɯɯa níi cà pai thɯ̌ŋ nǎi (k)
เรือ นี้จะไปถึงไหน (K)

3 タクシーの乗り場 はどこですか？
ティー クン テクシー ユー ティーナイ (K)
thîi khûn théksîi yùu thîinǎi (k)
ที่ขึ้นแท็กซี่ อยู่ที่ไหน (K)

4 スクンビット へ行きますか？
パイ スクムウィット マイ (K)
pai sùkhǔmwít mái (k)
ไป สุขุมวิท ไหม (K)

5 ここ で降ります。
チャ ロン ティー ニー (K)
cà loŋ thîi nîi (k)
จะลงที่ นี่ (K)

CD 45

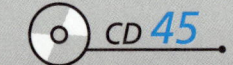

84

の言葉を入れ替えると、新しい会話ができます

1 / 2

船	ルーア rɯɯa	เรือ
トゥクトゥク	トゥク トゥク túk túk	ตุ๊กตุ๊ก
タクシー	テクシー thɛ́ksîi	แท็กซี่
飛行機	クルアンビン khrɯ̂ɯaŋbin	เครื่องบิน

P.145 単語集【交通機関】参照

3

切符売り場　ティー カーイ トゥア　ที่ขายตั๋ว
　　　　　　thîi khǎay tǔua

場所名を入れ替えてみましょう！

4　5　P.150 単語集【観光スポット】参照

場面別フレーズ集

どうやって乗るの？

場所をたずねる
ถามสถานที่

1 エメラルド寺院 はどこですか？

ワット プラケーオ ユー ティーナイ (K)
wát phrákɛ̂ɛw yùu thîinǎi (k)
วัดพระแก้ว อยู่ที่ไหน (K)

2 どうやって行ったらいいですか？

パイ ヤンガイ ディー (K)
pai yaŋŋai dii (k)
ไปยังไงดี (K)

3 どれくらい時間がかかりますか？

チャイ ウェーラー タオライ (K)
chái weelaa thâurài (k)
ใช้เวลาเท่าไร (K)

4 ここから 遠い ですか？

チャーク ニー パイ クライ マイ (K)
càak nîi pai klai mái (k)
จากนี่ไป ไกล ไหม (K)

5 歩いて 行った方がいいですか？

ドゥーン パイ ディー クワー マイ (K)
dəən pai dii kwàa mái (k)
เดิน ไปดีกว่าไหม (K)

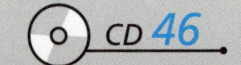

CD 46

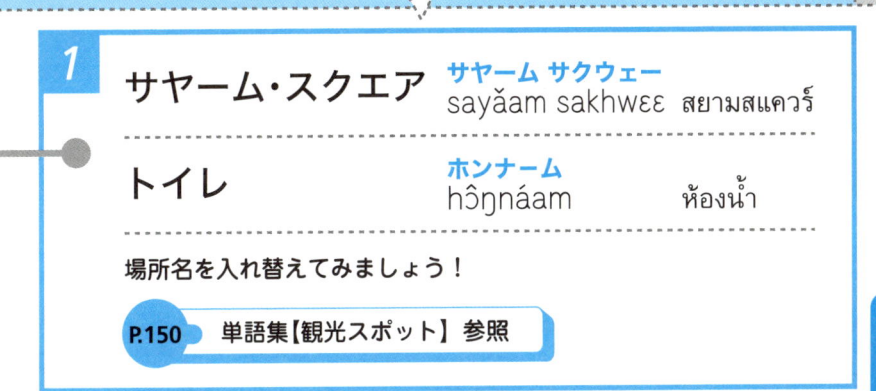

□の言葉を入れ替えると、新しい会話ができます

1 サヤーム・スクエア　　サヤーム サクウェー
　　　　　　　　　　　　sayǎam sakhwɛɛ　สยามสแควร์

　　トイレ　　　　　　　　ホンナーム
　　　　　　　　　　　　hɔ̂ŋnáam　　　　ห้องน้ำ

場所名を入れ替えてみましょう！

P.150　単語集【観光スポット】参照

4 近い　　　　　　　　　クライ
　　　　　　　　　　　　klâi　　　　　　ใกล้

5 バスで　　　　　　　　クン　ロットメー
　　　　　　　　　　　　khûn rótmee　　ขึ้นรถเมล์

　　タクシーで　　　　　　クン　テクシー
　　　　　　　　　　　　khûn théksîi　　ขึ้นแท็กซี่

P.145　単語集【交通機関】参照

場面別フレーズ集　場所をたずねる

ショッピング
ซื้อของ

---

1 これは いくらですか？

ニー ラーカー タオライ (K)
nîi raakhaa thâurài (k)
นี่ ราคาเท่าไร (K)

---

2 また後で来ます。

ディアウ マー マイ (K)
dǐiaw maa mài (k)
เดี๋ยวมาใหม่ (K)

---

3 イヤリング はありますか？

ミー トゥムフゥー マイ (K)
mii tûmhǔu mái (k)
มี ตุ้มหู ไหม (K)

---

4 試着してもいいですか？

ローン サイ ダイ マイ (K)
lɔɔŋ sài dâi mái (k)
ลองใส่ได้ไหม (K)

---

5 ズボン はどこで売ってますか？

カーンケーン カーイ ティーナイ (K)
kaaŋkeeŋ khǎay thîinǎi (k)
กางเกง ขายที่ไหน (K)

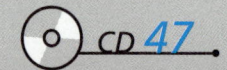

の言葉を入れ替えると、新しい会話ができます

1
全部で　　タンモット　ทั้งหมด
　　　　　thángmòt

3/5

これより大きいの	ヤイ クワー ニー / yài kwàa níi	ใหญ่กว่านี้
これより小さいの	レック クワー ニー / lék kwàa níi	เล็กกว่านี้
これより安いの	トゥーク クワー ニー / thùuk kwàa níi	ถูกกว่านี้
他のもの	ヤーン ウーン / yàaŋ ɯ̀ɯn	อย่างอื่น
他の色	シー ウーン / sǐi ɯ̀ɯn	สีอื่น

P.148 単語集【商品・品物】参照

場面別フレーズ集　ショッピング

チケット購入
ซื้อตั๋ว

1 電車のチケットはどこで買えますか？

スー トゥア ロットファイ ダイ ティーナイ (K)
súɯ tǔua rótfai dâi thîinǎi (k)
ซื้อตั๋ว รถไฟ ได้ที่ไหน (K)

2 学割はありますか？

スワンロット コーン ナックリアン ミー マイ (K)
sùanlót khɔ̌ɔŋ nákriian mii mái (k)
ส่วนลดของนักเรียน มีไหม (K)

3 入場料はいくらですか？

カー カオ タオライ (K)
khâa khâu thâurài (k)
ค่า เข้า เท่าไร (K)

4 次の上映時間(映画)は何時ですか？

ナン ロープ トーパイ キー モーン (K)
nǎŋ rɔ̂ɔp tɔ̀ɔpai kìi mooŋ (k)
หนังรอบ ต่อไปกี่โมง (K)

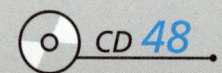

☐ の言葉を入れ替えると、新しい会話ができます

1

映画	ナン nǎŋ	หนัง
コンサート	khɔnsə̀ət コンスート	คอนเสิร์ต
ツアーバス	rótthuua ロットトゥーア	รถทัวร์

2 3

前売り券	トゥア ルアン ナー tǔua lûaŋ nâa	ตั๋วล่วงหน้า

4

発車(電車)	ロットファイ ティーアウ rótfai thîiaw	รถไฟเที่ยว
出発便(飛行機)	クルアンビン ティーアウ khrɯ̂ɯaŋbin thîiaw	เครื่องบินเที่ยว
出発便(船)	ルーア ティーアウ rɯɯa thîiaw	เรือเที่ยว
出発便(長距離バス)	ロットゥーア ティーアウ rótthuua thîiaw	รถทัวร์เที่ยว

場面別フレーズ集　チケット購入

教え合う
สอนภาษาให้กัน

1 これは何と言いますか？
ニー リアック ワー アライ (K)
nîi rîiak wâa arai (k)
นี่เรียกว่าอะไร (K)

2 これは日本語で〔適当な日本語を入れて下さい〕と言います。
ニー パーサー イープン リアック ワー ☐ (K)
nîi phaasǎa yîipùn rîiak wâa ☐ (k)
นี่ภาษาญี่ปุ่นเรียกว่า ☐ (K)

3 書いて下さい。
チュアイ キーアン ハイ ノイ (K)
chûay khǐian hâi nɔ̀y (k)
ช่วยเขียนให้หน่อย (K)

4 タイ語を教えて下さい。
チュアイ ソーン パーサー タイ ハイ ノイ (K)
chûay sɔ̌ɔn phaasǎa thai hâi nɔ̀y (k)
ช่วยสอนภาษาไทยให้หน่อย (K)

5 ゆっくり言って下さい。
チュアイ プート チャー チャー ノイ (K)
chûay phûut cháa cháa nɔ̀y (k)
ช่วยพูดช้าๆหน่อย (K)

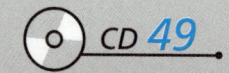

ホメ言葉
คำพูดเมื่อชม

1 最高です！
ヨートイアム (K)

yɔ̂ɔtyîiam (k)

ยอดเยี่ยม (K)

2 すごいね！
スットヨート (K)

sùtyɔ̂ɔt (k)

สุดยอด (K)

3 キレイですね！
スアイ マーク (K)

sǔay mâak (k)

สวยมาก (K)

4 カッコいいですね！
ロー マーク (K)

lɔ̀ɔ mâak (k)

หล่อมาก (K)

5 カワイイですね！
ナー ラック チン チン (K)

nâa rák ciŋ ciŋ (k)

น่ารักจริงๆ (K)

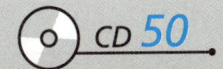

何時？
เวลาเท่าไร

1 何時ですか？

キー モーン (K)
kìi mooŋ (k)
กี่โมง (K)

2 午前 6 時です。

ホック モーン チャーオ (K)
hòk mooŋ cháau (k)
หก โมงเช้า (K)

3 午後 8 時 45 分です。

ソーン トゥム シーシップハー ナーティー (K)
sɔ̆ɔŋ thûm sìisìphâa naathii (k)
สอง ทุ่ม สี่สิบห้า นาที

4 30 分後に行きます。

イーク サームシップ ナーティー チャ パイ (K)
ìik sǎamsìp naathii cà pai (k)
อีก สามสิบ นาทีจะไป (K)

5 何時にOPENしますか？

プート キー モーン (K)
pèət kìi mooŋ (k)
เปิด กี่โมง (K)

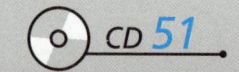

□ の言葉を入れ替えると、新しい会話ができます

2 **3** **4** P.99 【時刻】参照

P.20 「数字講座」参照

5

CLOSE し	ピット pìt	ปิด
始まり	ルーム rə̂əm	เริ่ม
終わり	ルーク lə̂ək	เลิก

場面別フレーズ集

何時？

95

日時の表現 ❶
วิธีพูด วัน.เวลา ❶

1 10日にタイへ行きます。

ワンティー シップ チャ パイ タイ (K)
wanthîi sìp cà pai thai (k)
วันที่ สิบ จะไปไทย (K)

2 いつ行くんですか？

チャ パイ ムアライ (K)
cà pai mûɯarài (k)
จะ ไป เมื่อไร (K)

3 何日ですか？

ワンティー タオライ (K)
wanthîi thâurài (k)
วันที่เท่าไร (K)

4 何月ですか？

ドゥアン アライ (K)
dɯɯan arai (k)
เดือน อะไร (K)

POINT

wanthîi（ワンティー）+数で「〜日」
dɯɯan（ドゥアン）+数で「〜月」
pii（ピー）+数で「〜年」になります

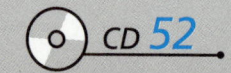

CD 52

☐ の言葉を入れ替えると、新しい会話ができます

1 P.20 「数字講座」参照

2
| どのように | **ヤンガイ** yaŋŋai | ยังไง |
| なぜ | **タムマイ** thammai | ทำไม |

4
| 年 | **ピー** pii | ปี |
| 曜日 | **ワン** wan | วัน |

P.134, 136 単語集【日・月・年】,【暦】参照

場面別フレーズ集　日時の表現 ❶

97

日時の表現 ❷
วิธีพูด วัน . เวลา ❷

❷〜❺「数字講座」、単語集【日・月・年】、【暦】参照　P.20, 134, 136

1 いつ来ますか？
チャ マー ムアライ (K)
cà maa mŵwarài (k)
จะมาเมื่อไร (K)

2 3分間 待ってもらえますか？
チュアイ ロー サーム ナーティー ダイ マイ (K)
chûay rɔɔ sǎam naathii dâi mái (k)
ช่วยรอ สามนาที ได้ไหม (K)

3 3週間 滞在する予定です。
キット チャ ユー サック サーム アーティット (K)
khít cà yùu sák sǎam aathít (k)
คิดจะอยู่สัก สามอาทิตย์ (K)

4 明日 また来ます。
プルンニー チャ マー マイ (K)
phrûŋníi cà maa mài (k)
พรุ่งนี้ จะมาใหม่ (K)

5 何日 間かかりますか？
チャイ ウェーラー キー ワン (K)
chái weelaa kìi wan (k)
ใช้เวลากี่ วัน (K)

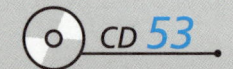

CD 53

時刻
เวลา

午前	0時	ティーアン クーン		thîiaŋ khɯɯn	เที่ยงคืน
	1時	ティー ヌン	ティー〜	tii nɯ̀ŋ	ตีหนึ่ง
	2時	ティー ソーン		tii sɔ̌ɔŋ	ตีสอง
	3時	ティー サーム		tii sǎam	ตีสาม
	4時	ティー シー		tii sìi	ตีสี่
	5時	ティー ハー		tii hâa	ตีห้า
	6時	ホック モーン チャーオ	〜モーンチャーオ	hòk mooŋ cháau	หกโมงเช้า
	7時	チェット モーン チャーオ		cèt mooŋ cháau	เจ็ดโมงเช้า
	8時	ペート モーン チャーオ		pɛ̀ɛt mooŋ cháau	แปดโมงเช้า
	9時	カーオ モーン チャーオ		kâau mooŋ cháau	เก้าโมงเช้า
	10時	シップ モーン チャーオ		sìp mooŋ cháau	สิบโมงเช้า
	11時	シップエット モーン チャーオ		sìpèt mooŋ cháau	สิบเอ็ดโมงเช้า
午後	0時(正午)	ティーアン ※昼の12時		thîiaŋ	เที่ยง
	1時	バーイ モーン ※パイ ヌン モーンとは言わない	バーイ〜モーン	bàay mooŋ	บ่ายโมง
	2時	バーイ ソーン モーン		bàay sɔ̌ɔŋ mooŋ	บ่ายสองโมง
	3時	バーイ サーム モーン		bàay sǎam mooŋ	บ่ายสามโมง
	4時	シー モーン イェン	〜モーンイェン	sìi mooŋ yen	สี่โมงเย็น
	5時	ハー モーン イェン		hâa mooŋ yen	ห้าโมงเย็น
	6時	ホック モーン イェン		hòk mooŋ yen	หกโมงเย็น
	7時	ヌン トゥム	〜トゥム	nɯ̀ŋ thûm	หนึ่งทุ่ม
	8時	ソーン トゥム		sɔ̌ɔŋ thûm	สองทุ่ม
	9時	サーム トゥム		sǎam thûm	สามทุ่ม
	10時	シー トゥム		sìi thûm	สี่ทุ่ม
	11時	ハー トゥム		hâa thûm	ห้าทุ่ม

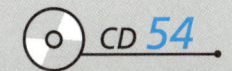

場面別フレーズ集 時刻

CD 54

お誘い表現
ชักชวน

1 日本 に来ませんか？
マー イープン マイ (K)
maa yîipùn mái (k)
มา ญี่ปุ่น ไหม (K)

2 一緒に 見 に行きませんか？
パイ ドゥー ドゥアイカン マイ (K)
pai duu dûaykan mái (k)
ไป ดู ด้วยกันไหม (K)

3 一緒に バス に乗りませんか？
クン ロットメー ドゥアイカン マイ (K)
khûn rótmee dûaykan mái (k)
ขึ้น รถเมล์ ด้วยกันไหม (K)

4 一緒に ショー を見に行きませんか？
パイ ドゥー ショー ドゥアイカン マイ (K)
pai duu choo dûaykan mái (k)
ไปดู โชว์ ด้วยกันไหม (K)

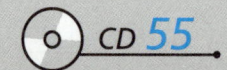

□ の言葉を入れ替えると、新しい会話ができます

1
| 東京 | トーキアウ
tookiiaw | โตเกียว |
| 家 | バーン
bâan | บ้าน |

2
| 遊び | ティーアウ
thîiaw | เที่ยว |
| ご飯を食べ | キン カーウ
kin khâaw | กินข้าว |

P.128-130 単語集【基本の動詞】参照

3 P.145 単語集【交通機関】参照

4
映画	ナン nǎŋ	หนัง
コンサート	コンスート khɔnsə̀ət	คอนเสิร์ต
花火	ドークマーイファイ dɔ̀ɔkmáaifai	ดอกไม้ไฟ
ムエタイ (タイボクシング)	ムアイタイ muaythai	มวยไทย
サッカー	フットボン fútbɔn	ฟุตบอล

場面別フレーズ集 お誘い表現

写真撮影
ถ่ายรูป

1 写真を撮ってもいいですか？
ターイ ループ ダイ マイ (K)
thàay rûup dâi mái (k)
ถ่ายรูปได้ไหม (K)

2 写真を撮って下さい。
チュアイ ターイ ループ ハイ ノイ (K)
chûay thàay rûup hâi nɔ̀y (k)
ช่วยถ่ายรูปให้หน่อย (K)

3 もう1枚撮ってもらえますか？
チュアイ ターイ イーク ループ ダイ マイ (K)
chûay thàay ìik rûup dâi mái (k)
ช่วยถ่ายอีกรูปได้ไหม (K)

4 一緒に写真を撮ってもらえますか？
コー ターイ ループ ドゥアイカン ダイ マイ (K)
khɔ̌ɔ thàay rûup dûaykan dâi mái (k)
ขอถ่ายรูปด้วยกันได้ไหม (K)

5 イチ、ニのサン (=ハイ、チーズ)
ヌン ソーン サーム
nɯ̀ŋ sɔ̌ɔŋ sǎam
หนึ่ง สอง สาม

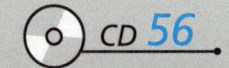

レンタカー
เช่ารถ

1 1日いくらですか？
ヌン ワン タオライ (K)
nɯ̀ŋ wan thâurài (k)
หนึ่ง วัน เท่าไร (K)

P.20 「数字講座」参照

2 どんな書類が必要ですか？
チャイ エーカサーン アライ バーン (K)
chái èekkasǎan arai bâaŋ (k)
ใช้เอกสารอะไรบ้าง (K)

3 オートマ車はありますか？
ミー キーア オートー マイ (K)
mii kiia ɔɔtôo mái (k)
มีเกียร์ออโต้ไหม (K)

4 どんな燃料を使いますか？★
チャイ ナムマン アライ (K)
chái námman arai (k)
ใช้น้ำมันอะไร (K)

★レギュラーか？ ハイオクか？ 軽油か？ 油種を訊ねています。

5 何か注意することはありますか？
ミー アライ トン クアン ラワン マイ (K)
mii arai tɔ̂ŋ khuan ráwaŋ mái (k)
มีอะไรต้องควรระวังไหม (K)

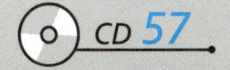

場面別フレーズ集　レンタカー

CD 57

トラブル遭遇！
เมื่อถึงเวลามีปัญหา

1 警察署 はどこですか？
サターニー タムルアット ユー ティーナイ (K)
sathǎanii tamrùat yùu thîinǎi (k)
สถานีตำรวจ อยู่ที่ไหน (K)

2 警察 へ連れて行って下さい。
パー パイ ハー タムルアット ノイ (K)
phaa pai hǎa tamrùat nɔ̀y (k)
พาไปหา ตำรวจ หน่อย (K)

3 パスポート を失くしました。
パーサポート ハーイ (K)
pháatsapɔ̀ɔt hǎay (k)
พาสปอร์ต หาย (K)

4 ここに連絡を下さい。
チュアイ ティットー ティー ニー ハイ ノイ (K)
chûay tìttɔ̀ɔ thîi nîi hâi nɔ̀y (k)
ช่วยติดต่อที่นี่ให้หน่อย (K)

5 ケガをし ました。
バートチェップ (K)
bàatcèp (k)
บาดเจ็บ (K)

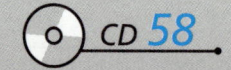

□ の言葉を入れ替えると、新しい会話ができます

1 / 2

日本大使館	サターントゥート イープン sàthǎanthûut yîipùn	สถานทูตญี่ปุ่น
病院	ローン パヤーバーン rooŋ phayaabaan	โรงพยาบาล

3

財布	クラパオ kràpǎu	กระเป๋า
お金	グン ŋən	เงิน
切符	トゥア tǔua	ตั๋ว
貴重品	コーン ミー カー khɔ̌ɔŋ mii khâa	ของมีค่า

5

道に迷い	ロン ターン lǒŋ thaaŋ	หลงทาง
盗難に会い	トゥーク カモーイ thùuk khamooy	ถูกขโมย
友人とはぐれ	パラットロン チャーク プーアン phlátlǒŋ càak phɯ̂ɯan	พลัดหลงจากเพื่อน
襲われ	トゥーク タムラーイ ラーンカーイ thùuk thamráay râaŋkaay	ถูกทำร้ายร่างกาย

場面別フレーズ集　トラブル遭遇！

病気の症状
เจ็บ・ปวด

P.144 単語集【病気・怪我】参照

1 気分が悪いです。
ルースック クルーンサイ (K)
rúusùk klɯ̂ɯnsâi (k)
รู้สึกคลื่นไส้ (K)

2 頭が痛いです。（内部の痛み）
ルースック プアット フア (K)
rúusùk pùat hǔua (k)
รู้สึกปวด หัว (K)

3 手が痛いです。（表面的な痛み）
ルースック チェップ ムー (K)
rúusùk cèp mɯɯ (k)
รู้สึกเจ็บ มือ (K)

4 薬を下さい。
コー ヤー ノイ (K)
khɔ̌ɔ yaa nɔ̀y (k)
ขอ ยา หน่อย (K)

5 熱があります。
ミー カイ (K)
mii khâi (k)
มีไข้ (K)

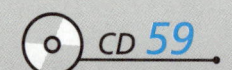

□ の言葉を入れ替えると、新しい会話ができます

2 / 3

日本語	カタカナ	タイ語ローマ字	タイ文字
お腹	トーン	thɔ́ɔŋ	ท้อง
耳	フー	hǔu	หู
鼻	チャムーク	càmùuk	จมูก
歯	ファン	fan	ฟัน
目	ター	taa	ตา
口	パーク	pàak	ปาก

P.140 単語集【身体の各部】参照

POINT ── 「〜が痛い」は、タイ語では2種類あります ──

❶ **cèp** チェップ 「〜が痛い」で、<u>表面的な痛み</u> の時に使います。
❷ **pùat** プアット 「〜が痛い」で、<u>体の内部の痛み</u> の時に使います。

場面別フレーズ集 病気の症状

4

日本語	カタカナ	タイ語ローマ字	タイ文字
風邪薬	ヤー ケー ワット	yaa kɛ̂ɛ wàt	ยาแก้หวัด
痛み止め	ヤー ケー プアット	yaa kɛ̂ɛ pùat	ยาแก้ปวด
目薬	ヤー ヨート ター	yaa yɔ̀ɔt taa	ยาแก้หยอดตา
かゆみ止め	ヤー ケー カン	yaa kɛ̂ɛ khan	ยาแก้คัน

薬を買う
ซื้อยา

1 お腹が痛いのですが。

ルースック　プアット　トーン (K)

rúusɯ̀k pùat thɔ́ɔŋ (k)

รู้สึกปวด ท้อง (K)

2 下痢に効く薬を下さい。

コー　ヤー　ケー　トーン シア　ノイ (K)

khɔ̌ɔ yaa kɛ̂ɛ thɔ́ɔŋ sǐia nɔ̀y (k)

ขอยาแก้ ท้องเสีย หน่อย (K)

3 どうやって使うんですか？

チャイ　ヤンガイ (K)

chái yaŋŋai (k)

ใช้ ยังไง (K)

4 水薬にして下さい。

コー　ヤー　ナーム　ノイ (K)

khɔ̌ɔ yaa náam nɔ̀y (k)

ขอ ยาน้ำ หน่อย (K)

5 2日分下さい。

コー　ヤー　サムラップ　ソーン　ワン　ノイ (K)

khɔ̌ɔ yaa sǎmràp sɔ̌ɔŋ wan nɔ̀y (k)

ขอยาสำหรับ สอง วันหน่อย (K)

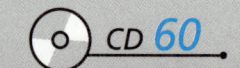

CD 60

□ の言葉を入れ替えると、新しい会話ができます

1 P.140 単語集【身体の各部】参照

2

便秘	トーン プーク thɔ́ɔŋ phùuk	ท้องผูก
かゆみ	カン khan	คัน
乗り物酔い	マオ ロット mau rót	เมารถ
二日酔い	マオ カーン mau kháaŋ	เมาค้าง
虫さされ	マレーン カット トイ malɛɛŋ kàt tɔ̀y	แมลงกัดต่อย

P.144 単語集【病気・怪我】参照

4

粉薬	ヤー ポン yaa phǒŋ	ยาผง
塗り薬	ヤー ター yaa thaa	ยาทา
錠剤	ヤー メット yaa mét	ยาเม็ด
すぐに効く薬	ヤー ティー オーク リット レウ レウ yaa thîi ɔ̀ɔk lít rew rew	ยาที่ออกฤทธิ์เร็วๆ

5 P.20 「数字講座」参照

場面別フレーズ集　薬を買う

病院で
ที่โรงพยาบาล

1 内科はどこですか？

パネーク アーユラカム ユー ティーナイ (K)
phanɛ̂ɛk aayúrakam yùu thîinǎi (k)
แผนก อายุรกรรม อยู่ที่ไหน (K)

2 喉が痛いのですが。

ルースック チェップ コー (K)
rúusɯ̀k cèp khɔɔ (k)
รู้สึกเจ็บ คอ (K)

3 どのくらいで治りますか？

イーク ナーン マイ クワー チャ ハーイ (K)
ìik naan mái kwàa cà hǎay (k)
อีกนานไหมกว่าจะหาย (K)

4 やってはいけない事はありますか？

ミー コー ハーム アライ バーン (K)
mii khɔ̂ɔ hâam arai bâaŋ (k)
มีข้อห้ามอะไรบ้าง (K)

5 熱は39度あります。

ミー カイ サームシップカーオ オンサー (K)
mii khâi sǎamsipkâau oŋsǎa (k)
มีไข้ สามสิบเก้า องศา (K)

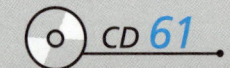

□ の言葉を入れ替えると、新しい会話ができます

1

外科	パネーク　サンヤカム phanɛ̂ɛk sǎnyakam	แผนกศัลยกรรม
眼科	パネーク　ター phanɛ̂ɛk taa	แผนกตา
小児科	パネーク　デック phanɛ̂ɛk dèk	แผนกเด็ก
歯科	パネーク　ファン phanɛ̂ɛk fan	แผนกฟัน
救急外来	パネーク　チュックチューン phanɛ̂ɛk chùkchə̌ən	แผนกฉุกเฉิน

2
P.140　単語集【身体の各部】参照

5
P.20　「数字講座」参照

場面別フレーズ集

病院で

111

お断り
ปฏิเสธ

P.31 文法講座【否定形】参照

1 無理です・ダメです
マイ ダイ (K)
mâi dâi (k)
ไม่ได้ (K)

2 忙しいです。
ユン ユー (K)
yûŋ yùu (k)
ยุ่งอยู่ (K)

3 要らないです・結構です・イヤです
マイ アオ (K)
mâi au (k)
ไม่เอา (K)

4 興味が無いです。
マイ ソンチャイ (K)
mâi sŏncai (k)
ไม่สนใจ (K)

5 用事があります。
ミー トゥラ ユー (K)
mii thúrá yùu (k)
มีธุระอยู่ (K)

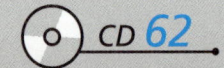

怒ってます！
คำพูดที่ใช้เมื่อโกรธ

1　このヤロー！
アイ　サット
âi sàt
ไอ้สัตว์

2　ケンカ売ってんのか！？
チャ　ハー　ルアン　ロー
cà hǎa rûɯaŋ rə̌ə
จะหาเรื่องหรือ

3　我慢の限界！
トン　マイ　ワイ　レーウ
thon mâi wǎi lɛ́ɛw
ทนไม่ไหวแล้ว

4　あっち行け！ じゃま！
ヤー　マー　ユン　ケッカッ
yàa maa yûŋ kèkà
อย่ามายุ่ง เกะกะ

5　最悪、最低！
レーウ　マーク
leew mâak
เลวมาก

場面別フレーズ集　怒ってます！

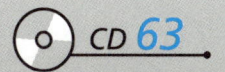

CD 63

お別れです…
พูดก่อนจากกัน

1 あなたに会えて 良かった です。

ディー チャンルーイ ティー ダイ ポップ クン (K)
dii caŋləəy thîi dâi phóp khun (k)
ดีจังเลย ที่ได้พบคุณ (K)

2 あなたの 住所 を書いて下さい。

チュアイ キーアン ティーユー コーン クン ドゥアイ (K)
chûay khǐian thîiyùu khɔ̌ɔŋ khun dûay (k)
ช่วยเขียน ที่อยู่ ของคุณด้วย (K)

3 あなたの 親切 は忘れません。

チャ マイ ルーム クワーム チャイディー コーン クン ルーイ (K)
cà mâi lɯɯm khwaam caidii khɔ̌ɔŋ khun ləəy (k)
จะไม่ลืม ความใจดี ของคุณเลย (K)

4 手紙 を送ります。

レーウ チャ ソン チョットマーイ パイ (K)
lɛ́ɛw cà sòŋ còtmǎay pai (k)
แล้วจะส่ง จดหมาย ไป (K)

5 お別れするのが残念です。

シアチャイ ティー チャ トン チャーク カン (K)
sǐacai thîi cà tôŋ càak kan (k)
เสียใจที่จะต้องจากกัน (K)

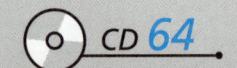

CD 64

□ の言葉を入れ替えると、新しい会話ができます

1

楽しかった	サヌック マーク sànùk mâak	สนุกมาก
忘れられない	コン マイ ルーム khoŋ mâi lɯɯm	คงไม่ลืม
助かりました	チュアイ ダイ マーク chûay dâi mâak	ช่วยได้มาก

2

電話番号	ブー トーラサップ bəə thoorasàp	เบอร์โทรศัพท์
連絡先	ティー ティットー thîi tìttɔ̀ɔ	ที่ติดต่อ
メールアドレス	イーメーウ iimeew	อีเมล

3

気持ち	クワーム ワンディー khwaam wǎŋdii	ความหวังดี
心遣い	オーンノーム ɔ̀ɔnnɔ́ɔm	อ่อนน้อม
笑顔	ローイイム rɔɔyyím	รอยยิ้ม

4

写真	ループ rûup	รูป
メール	メーウ meew	เมล

場面別フレーズ集 お別れです…

残念っ！
คำพูดแสดงความเสียใจ

1 私が悪かったんです。

ポム／ディチャン ピット エーン (K)

phǒm / dichán phìt eeŋ (k)

ผม / ดิฉันผิดเอง (K)

2 残念ですね。

シアチャイ ナ (K)

sǐiacai ná (k)

เสียใจนะ (K)

3 おしいですね。 (＝もうちょっとでしたね)

イーク ニット ディアウ エーン (K)

ìik nít diiaw eeŋ (k)

อีกนิดเดียวเอง (K)

4 もったいないですね。

シアダーイ ナ (K)

sǐiadaay ná (k)

เสียดายนะ (K)

5 悔しいです。

チェップチャイ (K)

cèpcai (k)

เจ็บใจ (K)

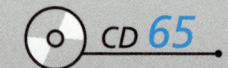

求愛フレーズ
บอกรัก

1 あなたのことが大好きです。

チョープ クン マーク ルーイ (K)

chɔ̂ɔp khun mâak ləəy (k)

ชอบคุณมากเลย (K)

2 あなたのことをとても愛してます。

ラック クン マーク ルーイ (K)

rák khun mâak ləəy (k)

รักคุณมากเลย (K)

3 お付き合いして下さい。

ペン フェーン カン ダイ マイ (K)

pen fɛɛn kan dâi mái (k)

เป็นแฟนกันได้ไหม(K)

4 あなたとずっと一緒にいたいです。

ヤーク チャ ユー カップ クン タロート パイ (K)

yàak cà yùu kàp khun talɔ̀ɔt pai (k)

อยากจะอยู่กับคุณตลอดไป (K)

5 私と結婚して下さい。

テンガーン カップ ポム／ディチャン ナ (K)

tèŋŋaan kàp phǒm / dichán ná (k)

แต่งงานกับผม / ดิฉันนะ (K)

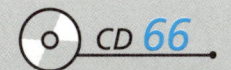

場面別フレーズ集　求愛フレーズ

CD 66

天気・気温
สภาพอากาศ

1 暑いですね。
ローン ナ (K)
rɔ́ɔn ná (k)
ร้อน นะ (K)

2 寒いですか？
ナーウ マイ (K)
nǎaw mái (k)
หนาว ไหม (K)

3 寒くないですか？
マイ ナーウ ルー (K)
mâi nǎaw rɯ̌ɯ (k)
ไม่หนาวหรือ (K)

4 (エアコンの) 温度を上げて下さい。
チュアイ プラップ エー クン ノイ (K)
chûay pràp ɛɛ khûn nɔ̀y (k)
ช่วยปรับแอร์ ขึ้น หน่อย (K)

5 最近、天気はどうですか？
ムーニー アーカート ペン ヤンガイ (K)
mùuníi aakàat pen yaŋŋai (k)
หมู่นี้ อากาศ เป็นยังไง

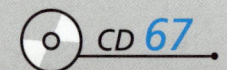

の言葉を入れ替えると、新しい会話ができます

1 涼しい　　イェン サバーイ　　เย็นสบาย
　　　　　　　yen sabaay

2 暖かい　　アーカート オップウン　　อากาศอบอุ่น
　　　　　　　aakàat òpùn

　　ちょうどいい　アーカート ポーディー　　อากาศพอดี
　　　　　　　aakàat phɔɔdii

4 下げて　　ロン　　ลง
　　　　　　　loŋ

5 気温　　ウンハプーム　　อุณหภูมิ
　　　　　　　unhaphuum

場面別フレーズ集　天気・気温

髪を切る
ที่ร้านตัดผม

1 ここを 2 センチくらい切って下さい。

チュアイ タット トロンニー サック ソーン セン ノイ (K)

chûay tàt troŋníi sák sɔ̌ɔŋ sen nɔ̀y (k)

ช่วยตัดตรงนี้สัก สอง เซ็นต์หน่อย (K)

2 このような髪型にして下さい。

チュアイ タット ポム ソン ベープ ニー ノイ (K)

chûay tàt phǒm soŋ bɛ̀ɛp níi nɔ̀y (k)

ช่วยตัดผมทรง แบบนี้ หน่อย (K)

3 ここは切らないで下さい。

トロンニー ヤー タット ナ (K)

troŋníi yàa tàt ná (k)

ตรงนี้อย่าตัดนะ (K)

4 シャンプーをして下さい。

チュアイ サ ポム ドゥアイ (K)

chûay sà phǒm dûay (k)

ช่วยสระผมด้วย (K)

5 パーマをあてて下さい。

チュアイ ダット ポム ドゥアイ (K)

chûay dàt phǒm dûay (k)

ช่วยดัดผมด้วย (K)

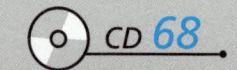

□の言葉を入れ替えると、新しい会話ができます

1 P.20 「数字講座」参照

2 この人のような　ベープ コン ニー　bɛ̀ɛp khon níi　แบบคนนี้

場面別フレーズ集　髪を切る

おまけボキャブラリー

美容院	ラーン スーム スアイ	ráan sɤ̌ɤm sǔay	ร้านเสริมสวย
床屋	ラーン タット ポム	ráan tàt phǒm	ร้านตัดผม
髪を切る	タット ポム	tàt phǒm	ตัดผม
髪をすく	ソーイ ポム	sɔɔy phǒm	ซอยผม
髪を染める	タム シー ポム	tham sǐi phǒm	ทำสีผม
ストレートパーマ	ユート ポム	yɯ̂ɯt phǒm	ยืดผม

学校へ行こう！
ติดต่อการเข้าเรียน

1 どんなコースがありますか？

ミー コース アライ バーン (K)

mii khɔ́ɔt arai bâaŋ (k)

มีคอร์สอะไรบ้าง (K)

2 どんな書類が必要ですか？

トン チャイ エーカサーン アライ バーン (K)

tôŋ chái èekkasǎan arai bâaŋ (k)

ต้องใช้เอกสารอะไรบ้าง (K)

3 ビザは出ますか？

チャ オーク ウィーサー ハイ マイ (K)

cà ɔ̀ɔk wiisâa hâi mái (k)

จะออกวีซ่าให้ไหม (K)

4 授業はいつからいつまでですか？

ルーム リーアン タンテー ムアライ トゥン ムアライ (K)

rɔ̂ɔm riian tâŋtɛ̀ɛ mɯ̂ɯarài thɯ̌ŋ mɯ̂ɯarài (k)

เริ่มเรียนตั้งแต่เมื่อไรถึงเมื่อไร (K)

5 授業料はいくらですか？

カー ラオ リーアン タオライ (K)

khâa lâu riian thâurài (k)

ค่าเล่าเรียนเท่าไร (K)

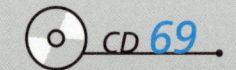

マッサージ屋さん
ไปนวดแผนโบราณ

1 ここが凝っています。
プアット ムアイ トロンニー (K)
pùat mɯ̂ɯay troŋníi (k)
ปวดเมื่อยตรงนี้ (K)

2 ここを強く押して下さい。
チュアイ ヌアット トロンニー レーン レーン ノイ (K)
chûay nûat troŋníi rɛɛŋ rɛɛŋ nɔ̀y (k)
ช่วยนวดตรงนี้แรงๆหน่อย (K)

3 弱くして下さい。
バオ バオ ノイ (K)
bau bau nɔ̀y (k)
เบาๆหน่อย (K)

4 痛いです。
チェップ (K)
cèp (k)
เจ็บ (K)

5 ここを長くやって下さい。
チュアイ ネン トロンニー ノイ (K)
chûay nén troŋníi nɔ̀y (k)
ช่วยเน้นตรงนี้หน่อย (K)

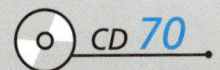

CD 70

手紙・荷物を送る

ส่งจดหมาย . พัสดุ

1 ポスト はどこですか？

トゥープライサニー ユー ティーナイ (K)
tûupraisanii yùu thîinǎi (k)
ตู้ไปรษณีย์ อยู่ที่ไหน (K)

2 切手 はどこで買えますか？

ハー スー サテム ダイ ティーナイ (K)
hǎa sɯ́ɯ satɛm dâi thîinǎi (k)
หาซื้อ แสตมป์ ได้ที่ไหน (K)

3 日本まで いくら ですか？

ソン パイ イープン タオライ (K)
sòŋ pai yîipùn thâurài (k)
ส่งไปญี่ปุ่น เท่าไร (K)

4 EMS (国際スピード郵便)でお願いします。

チュアイ ソン ベープ イーエムエス ドゥアイ (K)
chûay sòŋ bɛ̀ɛp EMS dûay (k)
ช่วยส่ง แบบ EMS ด้วย (K)

5 これを日本に送りたいのですが。

ヤーク チャ ソン ニー パイ イープン (K)
yàak cà sòŋ nîi pai yîipùn (k)
อยากจะส่งนี่ไปญี่ปุ่น (K)

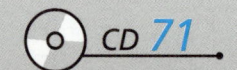

> □ の言葉を入れ替えると、新しい会話ができます

1

| 郵便局 | プライサニー
praisanii | ไปรษณีย์ |

2

ハガキ	カート káat	การ์ด
封筒	ソーン sɔɔŋ	ซอง
小包の箱	クロン パッサドゥ klɔ̀ŋ phátsadù	กล่องพัสดุ

3

| 何日 | キー ワン
kìi wan | กี่วัน |

4

船便	ターン ルーア thaaŋ rɯɯa	ทางเรือ
速達	ベープ ドゥアン bɛ̀ɛp dùan	แบบด่วน
普通郵便	ベープ タムマダー bɛ̀ɛp thammadaa	แบบธรรมดา
書留	ベープ ロンタビアン bɛ̀ɛp loŋthabiian	แบบลงทะเบียน

P.146 単語集【通信】参照

場面別フレーズ集 手紙・荷物を送る

電話をかける
โทรศัพท์

1 山田さんはいらっしゃいますか？
クン ヤマダ ユー マイ (K)
khun yamada yùu mái (k)
คุณ ยามาดะ อยู่ไหม (K)

> 相手の名前を入れて下さい

2 山田さんのお宅でしょうか？
バーン コーン クン ヤマダ チャイ マイ (K)
bâan khɔ̌ɔŋ khun yamada châi mái (k)
บ้านของคุณ ยามาดะ ใช่ไหม (K)

3 山田と申します。

> 自分の名前を入れて下さい

ポム／ディチャン チュー ヤマダ (K)
phǒm / dichán chɯ̂ɯ yamada (k)
ผม / ดิฉันชื่อ ยามาดะ (K)

4 では、またかけ直します。
レーウ チャ トー パイ マイ (K)
lɛ́ɛw cà thoo pai mài (k)
แล้วจะโทรไปใหม่ (K)

5 彼／彼女はいつお戻りになりますか？
カオ チャ クラップ マー ムアライ (K)
kháu cà klàp maa mɯ̂ɯwarài (k)
เขาจะกลับมาเมื่อไร (K)

場面別フレーズ集 電話をかける

CD 72

一夜漬け タイ語
カテゴリー別 単語集
Part 3

基本の動詞 1

日本語	カタカナ	発音	タイ語
行く	パイ	pai	ไป
来る	マー	maa	มา
帰る	クラップ	klàp	กลับ
乗る	クン	khɯ̂n	ขึ้น
降りる	ロン	loŋ	ลง
食べる	キン	kin	กิน
飲む	ドゥーム	dɯ̀ɯm	ดื่ม
読む	アーン	àan	อ่าน
聞く	ファン	faŋ	ฟัง
聞こえる	ダイイン	dâiyin	ได้ยิน
歌う	ローン プレーン	rɔ́ɔŋ phleeŋ	ร้องเพลง
見る	ドゥー	duu	ดู
見える	ヘン	hĕn	เห็น
話す	プート	phûut	พูด
書く	キーアン	khĭan	เขียน
思う・考える	キット	khít	คิด
感じる	ルースック	rúusɯ̀k	รู้สึก
知る（知識／人・場所・方法）	ルー ／ ルーチャック	rúu / rúucàk	รู้ / รู้จัก
理解する	カオチャイ	khâucai	เข้าใจ
決める	タットシンチャイ	tàtsĭncai	ตัดสินใจ
忘れる	ルーム	lɯɯm	ลืม
覚える	チャム	cam	จำ
働く	タム ガーン	tham ŋaan	ทำงาน
休む・休憩する	ユット パック	yùt phák	หยุดพัก
別れる	イェーク カン	yɛ̂ɛk kan	แยกกัน
終わる	チョップ	còp	จบ
完成する	タム セット	tham sèt	ทำเสร็จ
会う	チュー	cəə	เจอ
約束する	サンヤー	sănyaa	สัญญา
買う	スー	sɯ́ɯ	ซื้อ

単語集

基本の動詞

日本語	カナ	発音	タイ語
売る	カーイ	khăay	ขาย
送る	ソン	sòŋ	ส่ง
受け取る	ラップ	ráp	รับ
あげる	ハイ	hâi	ให้
開ける・つける	プート	pə̀ət	เปิด
閉じる・消す	ピット	pìt	ปิด
借りる	コー ユーム	khɔ̆ɔ yɯɯm	ขอยืม
貸す	ハイ ユーム	hâi yɯɯm	ให้ยืม
借りる (賃借)	チャオ	châu	เช่า
起きる	トゥーン	tɯ̀ɯn	ตื่น
寝る	ノーン	nɔɔn	นอน
遊ぶ (スポーツ・ゲーム・おもちゃ)	レン	lên	เล่น
遊びに行く	パイ ティーアウ	pai thîiaw	ไปเที่ยว
持つ (所有)・有る	ミー	mii	มี
使う	チャイ	chái	ใช้
作る	タム	tham	ทำ
間違える	ピット	phìt	ผิด
いる・〜している	ユー	yùu	อยู่
電話する	トー	thoo	โทร
写真を撮る	ターイ ループ	thàay rûup	ถ่ายรูป
待つ	ロー	rɔɔ	รอ
予約する	チョーン	cɔɔŋ	จอง
変更する (変える・替える)	プリーアン	plìian	เปลี่ยน
取り消す (キャンセル)	ヨックルーク	yóklêək	ยกเลิก
泊まる	パック	phák	พัก
勉強する	リーアン	riian	เรียน
教える	ソーン	sɔ̆ɔn	สอน
言う・告げる	ボーク	bɔ̀ɔk	บอก
尋ねる	ターム	thăam	ถาม
答える	トープ	tɔ̀ɔp	ตอบ

単語集　基本の動詞

基本の動詞 2

日本語	カナ	発音	タイ語
誘う	チュアン	chuan	ชวน
無くす	タム ハーイ	tham hǎay	ทำหาย
治る (病気・怪我)	ハーイ (プワイ)	hǎay (pùay)	หาย (ป่วย)
探す・捜す	ハー	hǎa	หา
着る・入れる	サイ	sài	ใส่
脱ぐ	トート	thɔ̀ɔt	ถอด
洗う (服・布類)	サック	sák	ซัก
洗う (物・身体)	ラーン	láaŋ	ล้าง
入る	カオ	khâu	เข้า
出る	オーク	ɔ̀ɔk	ออก
歩く	ドゥーン	dəən	เดิน
走る	ウィン	wîŋ	วิ่ง
泳ぐ	ワーイナーム	wâaynáam	ว่ายน้ำ
立つ	ユーン	yɯɯn	ยืน
座る	ナン	nâŋ	นั่ง
止める・止まる	ユット	yùt	หยุด
泣く	ローンハイ	rɔ́ɔŋhâi	ร้องไห้
笑う	フーアロ	hǔuarɔ́	หัวเราะ
好き	チョープ	chɔ̂ɔp	ชอบ
味見する	チム	chim	ชิม
試す	ローン	lɔɔŋ	ลอง
連絡する	ティットー	tìttɔ̀ɔ	ติดต่อ
両替する	レークグン	lɛ̂ɛkŋən	แลกเงิน
用意する	トゥリーアム	triiam	เตรียม
注文する	サン	sàŋ	สั่ง
預ける	ファーク	fàak	ฝาก
しまう・拾う	ケップ	kèp	เก็บ
捨てる	ティン	thíŋ	ทิ้ง
結婚する	テンガーン	tèŋŋaan	แต่งงาน
愛する	ラック	rák	รัก

感情

日本語	カタカナ	発音	タイ語
嬉しい	ティーチャイ	diicai	ดีใจ
悲しい(残念な)	シーアチャイ	sǐiacai	เสียใจ
楽しい	サヌック	sanùk	สนุก
怒る	クロート	kròot	โกรธ
恥ずかしい	アーイ	aay	อาย
幸せな	ミー クワームスック	mii khwaamsùk	มีความสุข
可哀想な	ナー ソンサーン	nâa sǒŋsǎan	น่าสงสาร
心配する	ペンフアン	penhùaŋ	เป็นห่วง
気分が良い	サバーイチャイ	sabaaycai	สบายใจ
気分が悪い	マイ サバーイチャイ	mâi sabaaycai	ไม่สบายใจ
驚く	トックチャイ	tòkcai	ตกใจ
もったいない	ナー シーアダーイ	nâa sǐiadaay	น่าเสียดาย
寂しい	ガオ	ŋǎu	เหงา
羨ましい	イッチャー	ìtchǎa	อิจฉา
疲れる	ヌーアイ	nὺɯay	เหนื่อย
飽きる	ブーア	bὺɯa	เบื่อ
困る	ラムバーク	lambàak	ลำบาก
怖い・恐れる	クルーア	kluua	กลัว
興味を持つ	ソンチャイ	sǒncai	สนใจ
わくわくする	トゥーンテン	tὺɯntên	ตื่นเต้น
悔しい	チェップチャイ	cèpcai	เจ็บใจ

diicai 嬉しい
bùɯa 飽きる
kròot 怒る
aay 恥ずかしい
tòkcai 驚く
sǐiacai 悲しい

人の性格と外見

日本語	カタカナ	発音	タイ語
性格が良い	ニサイ ディー	nísăy dii	นิสัยดี
性格が悪い	ニサイ マイ ディー	nísăy mâi dii	นิสัย ไม่ดี
優しい	チャイディー	caidii	ใจดี
ケチな	キーニアウ	khîinĭiaw	ขี้เหนียว
ひょうきんな	タロック	talòk	ตลก
賢い	チャラート	chalàat	ฉลาด
忘れっぽい	キールーム	khîiluɯm	ขี้ลืม
上品な	スパープ	sùphâap	สุภาพ
勤勉な	カヤン	khayăn	ขยัน
怠け者	キーキァット	khîikìiat	ขี้เกียจ
短気な	チャイローン	cairɔ́ɔn	ใจร้อน
冷静な	チャイイェン	caiyen	ใจเย็น
スケベ	タルン	thaluɯŋ	ทะลึ่ง
女好き	チャオチュー	câuchúu	เจ้าชู้
かっこいい	テー	thêe	เท่
きれい	スアイ	sŭay	สวย
ハンサム	ロー	lɔ̀ɔ	หล่อ
かわいい	ナーラック	nâarák	น่ารัก
太っている	ウワン	ûan	อ้วน
やせている	ポーム	phɔ̌ɔm	ผอม
背が高い	トゥーア スーン	tuua sŭuŋ	ตัวสูง
背が低い	トゥーア ティーア	tuua tîia	ตัวเตี้ย
色白	ピウ カーウ	phĭw khăaw	ผิวขาว
色黒	ピウ ダム	phĭw dam	ผิวดำ
若者	ワイルン	wayrûn	วัยรุ่น
老人	コンケー	khonkɛ̀ɛ	คนแก่

単語集

人の性格と外見

基本の形容詞

日本語	カナ	発音	タイ語
暑い・熱い	ローン	rɔ́ɔn	ร้อน
寒い	ナーウ	nǎaw	หนาว
涼しい・冷たい	イェン	yen	เย็น
暖かい	ウン	ùn	อุ่น
高い (値段)	ペーン	phɛɛŋ	แพง
安い	トゥーク	thùuk	ถูก
高い (建物・背など)	スーン	sǔuŋ	สูง
低い	ティーア	tîia	เตี้ย
大きい	ヤイ	yài	ใหญ่
小さい	レック	lék	เล็ก
少ない	ノーイ	nɔ́ɔy	น้อย
多い	ユ	yə́	เยอะ
長い	ヤーウ	yaaw	ยาว
短い	サン	sân	สั้น
重い	ナック	nàk	หนัก
軽い	バオ	bau	เบา
硬い	ケン	khěŋ	แข็ง
柔らかい	ニム	nîm	นิ่ม
明るい	サワーン	sàwàaŋ	สว่าง
暗い	ムート	mɯ̂ɯt	มืด
新しい	マイ	mài	ใหม่
古い	カオ	kàu	เก่า
清潔な	サアート	sàaat	สะอาด
汚い	ソッカプロック	sòkkàpròk	สกปรก
難しい	ヤーク	yâak	ยาก
易しい	ガーイ	ŋâay	ง่าย
うるさい	ヌアックフー	nùakhǔu	หนวกหู
静かな	ニアップ	ŋîiap	เงียบ
忙しい	ユン	yûŋ	ยุ่ง
暇な	ワーン	wâaŋ	ว่าง

日・月・年

日本語	カタカナ	発音	タイ語
〜日間	〜ワン	〜wan	〜วัน
〜週間	〜アーティット	〜aathít	〜อาทิตย์
〜ヶ月間	〜ドゥアン	〜dɯɯan	〜เดือน
〜年間	〜ピー	〜pii	〜ปี
今日	ワンニー	wanníi	วันนี้
明日	プルンニー	phrûŋníi	พรุ่งนี้
明後日	マルーンニー	márɯɯnníi	มะรืนนี้
昨日	ムーアワーンニー	mɯ̂ɯawaanníi	เมื่อวานนี้
一昨日	ムーアワーンスーンニー	mɯ̂ɯawaansɯɯnníi	เมื่อวานซืนนี้
〜日前	〜ワン ティーレーウ	〜wan thîiléɛw	〜วันที่แล้ว
〜日後	イーク〜ワン	ìik〜wan	อีก〜วัน
今週	アーティット ニー	aathít níi	อาทิตย์นี้
来週	アーティット ナー	aathít nâa	อาทิตย์หน้า
先週	アーティット ティーレーウ	aathít thîiléɛw	อาทิตย์ที่แล้ว
〜週間前	〜アーティット ティーレーウ	〜aathít thîiléɛw	〜อาทิตย์ที่แล้ว
〜週間後	イーク〜アーティット	ìik〜aathít	อีก〜อาทิตย์
今月	ドゥアン ニー	dɯɯan níi	เดือนนี้
来月	ドゥアン ナー	dɯɯan nâa	เดือนหน้า
先月	ドゥアン ティーレーウ	dɯɯan thîiléɛw	เดือนที่แล้ว
〜ヶ月前	〜ドゥアン ティーレーウ	〜dɯɯan thîiléɛw	〜เดือนที่แล้ว
〜ヵ月後	イーク〜ドゥアン	ìik〜dɯɯan	อีก〜เดือน
今年	ピー ニー	pii níi	ปีนี้
来年	ピー ナー	pii nâa	ปีหน้า
去年	ピー ティーレーウ	pii thîiléɛw	ปีที่แล้ว
〜年前	〜ピー ティーレーウ	〜pii thîiléɛw	〜ปีที่แล้ว
〜年後	イーク〜ピー	ìik〜pii	อีก〜ปี
毎日	トゥックワン	thúkwan	ทุกวัน
毎週	トゥックアーティット	thúkaathít	ทุกอาทิตย์
毎月	トゥックドゥアン	thúkdɯɯan	ทุกเดือน
毎年	トゥックピー	thúkpii	ทุกปี

時間の流れ

日本語	カタカナ	発音	タイ語
秒	ウィナーティー	wínaathii	วินาที
分	ナーティー	naathii	นาที
時間	チュアモーン	chûamoong	ชั่วโมง
朝・午前	トーン チャーオ	tɔɔn cháau	ตอนเช้า
昼	トーン クランワン	tɔɔn klaŋwan	ตอนกลางวัน
午後	トーン バーイ	tɔɔn bàay	ตอนบ่าย
夕方	トーン イェン	tɔɔn yen	ตอนเย็น
夜	トーン クラーンクーン	tɔɔn klaaŋkhɯɯn	ตอนกลางคืน
深夜	トーン クラーンドゥック	tɔɔn klaaŋdùk	ตอนกลางดึก
今	トーンニー	tɔɔnníi	ตอนนี้
今すぐに	ディアウニー	dǐiawníi	เดี๋ยวนี้
さっき	ムーアキー	mɯ̂ɯakíi	เมื่อกี้
早い	チャーオ	cháau	เช้า
速い	レウ	rew	เร็ว
遅い	チャー	cháa	ช้า
～から (時間)	タンテー～	tâŋtɛɛ～	ตั้งแต่～
～まで (時間)	トゥン～	thǔŋ～	ถึง～
一日中	タンワン	tháŋwan	ทั้งวัน
あとで	ディアウ コーン	dǐiaw kɔ̀ɔn	เดี๋ยวก่อน
今後	チャークニー	càaknii	จากนี้
この前	ワンコーン	wankɔ̀ɔn	วันก่อน
以前	ムーアコーン	mɯ̂ɯakɔ̀ɔn	เมื่อก่อน
たびたび	ボイ ボイ	bɔ̀y bɔ̀y	บ่อย บ่อย
時々	バーンクラン	baaŋkhráŋ	บางครั้ง
めったに～ない	マイ コイ～ルーイ	mâi khɔ̂y～ləəy	ไม่ค่อยเลย
ふたたび	イーク クラン	ìik khráŋ	อีกครั้ง
現在	パチュバン	pàtcùban	ปัจจุบัน
過去	アディート	adìit	อดีต
未来	アナーコット	anaakhót	อนาคต
永遠に	タロートパイ	tàlɔ̀ɔtpai	ตลอดไป

暦

月曜日	ワン チャン	wan can	วันจันทร์
火曜日	ワン アンカーン	wan aŋkhaan	วันอังคาร
水曜日	ワン プット	wan phút	วันพุธ
木曜日	ワン パルハット	wan phrɯ́hàt	วันพฤหัส
金曜日	ワン スック	wan sùk	วันศุกร์
土曜日	ワン サオ	wan sǎu	วันเสาร์
日曜日	ワン アーティット	wan aathít	วันอาทิตย์
1月	マッカラーコム	mákkàraakhom	มกราคม
2月	クムパーパン	kumphaaphan	กุมภาพันธ์
3月	ミーナーコム	miinaakhom	มีนาคม
4月	メーサーヨン	meesǎayon	เมษายน
5月	プルッサパーコム	phrɯ́sàphaakhom	พฤษภาคม
6月	ミトゥナーヨン	míthùnaayon	มิถุนายน
7月	カラカダーコム	kàrákàdaakhom	กรกฎาคม
8月	シンハーコム	sǐŋhǎakhom	สิงหาคม
9月	カンヤーヨン	kanyaayon	กันยายน
10月	トゥラーコム	tùlaakhom	ตุลาคม
11月	プルッサチカーヨン	phrɯ́sàcìkaayon	พฤศจิกายน
12月	タンワーコム	thanwaakhom	ธันวาคม
母の日	ワン メー	wan mɛ̂ɛ	วันแม่
父の日	ワン ポー	wan phɔ̂ɔ	วันพ่อ
クリスマス	ワン キスマース	wan khrítmâat	วันคริสต์มาส
大晦日	ワン シンピー	wan sînpii	วันสิ้นปี
新年	ピーマイ	piimài	ปีใหม่
誕生日	ワンクート	wankə̀ət	วันเกิด
春	ルドゥー バイマイプリ	rɯ́duu baimáiphlì	ฤดูใบไม้ผลิ
夏	ルドゥー ローン	rɯ́duu rɔ́ɔn	ฤดูร้อน
秋	ルドゥー バイマイルアン	rɯ́duu baimáirûaŋ	ฤดูใบไม้ร่วง
冬	ルドゥー ナーウ	rɯ́duu nǎaw	ฤดูหนาว
雨季	ルドゥー フォン	rɯ́duu fǒn	ฤดูฝน

単語集

暦

食事

レストラン	ラーンアーハーン	ráanaahǎan	ร้านอาหาร
屋台	ペーンローイ	phěɛŋlɔɔy	แผงลอย
味	ロッチャート	rótchâat	รสชาติ
おいしい	アロイ	arɔ̀y	อร่อย
まずい	マイ アロイ	mâi arɔ̀y	ไม่อร่อย
辛い	ペット	phèt	เผ็ด
甘い	ワーン	wǎan	หวาน
酸っぱい	プリーアウ	prîiaw	เปรี้ยว
しょっぱい	ケム	khem	เค็ม
油っこい	リーアン	lîian	เลี่ยน
調味料	クルアンプルン	khrɯ̂ɯaŋpruŋ	เครื่องปรุง
ナンプラー	ナムプラー	námplaa	น้ำปลา
唐辛子	プリック	phrík	พริก
砂糖	ナムターン	námtaan	น้ำตาล
塩	クルーア	klɯɯa	เกลือ
こしょう	プリックタイ	phríkthai	พริกไทย
酢	ナムソム	námsôm	น้ำส้ม
タイ料理	アーハーンタイ	aahǎanthai	อาหารไทย
青パパイヤのサラダ	ソムタム	sômtam	ส้มตำ
グリーンカレー	ケーンキーアウワーン	kɛɛŋkhǐiawwǎan	แกงเขียวหวาน
タイ風チャーハン	カーウパット	khâawphàt	ข้าวผัด
タイ風ラーメン	クワイティアウ	kǔaytǐiaw	ก๋วยเตี๋ยว
炒める	パット	phàt	ผัด
揚げる	トート	thɔ̂ɔt	ทอด
焼く	ヤーン	yâaŋ	ย่าง
コップ	ケーウ	kɛ̂ɛw	แก้ว
お皿	チャーン	caan	จาน
スプーン	チョーン	chɔ́ɔn	ช้อน
フォーク	ソム	sɔ̂m	ซ้อม
はし	タキアップ	tàkìiap	ตะเกียบ

単語集

食事

食材・野菜・果物

日本語	カナ	発音	タイ語
牛肉	ヌア ウア	nɯ́ɯa wuua	เนื้อวัว
豚肉	ヌア ムー	nɯ́ɯa mǔu	เนื้อหมู
鶏肉	ヌア カイ	nɯ́ɯa kài	เนื้อไก่
アヒル肉	ヌア ペット	nɯ́ɯa pèt	เนื้อเป็ด
魚	プラー	plaa	ปลา
シーフード	シーフー	siifúut	ซีฟู้ด
イカ	プラームック	plaamɯ̀k	ปลาหมึก
エビ	クン	kûŋ	กุ้ง
カニ	プー	puu	ปู
ナマズ	プラードゥック	plaadùk	ปลาดุก
貝	ホイ	hɔ̌y	หอย
卵	カイ	khài	ไข่
ご飯	カーウ	khâaw	ข้าว
野菜	パック	phàk	ผัก
きゅうり	テーンクワー	tɛɛŋkwaa	แตงกวา
もやし	トゥアゴーク	thùuaŋɔ̂ɔk	ถั่วงอก
トマト	マクアテート	mákhɯ̌ɯwathêet	มะเขือเทศ
なす	マクア	mákhɯ̌ɯa	มะเขือ
たけのこ	ノーマーイ	nɔ̀ɔmáai	หน่อไม้
果物	ポンラマーイ	phǒnlamáai	ผลไม้
パパイヤ	マラコー	málákɔɔ	มะละกอ
すいか	テンモー	tɛɛŋmoo	แตงโม
パイナップル	サッパロット	sàpparót	สับปะรด
ドリアン	トゥリーアン	thúriian	ทุเรียน
マンゴー	マムアン	mámûaŋ	มะม่วง
ランブータン	ゴ	ŋɔ́	เงาะ
マンゴスチン	マンクット	maŋkhút	มังคุด
みかん	ソム	sôm	ส้ม
バナナ	クルアイ	klûay	กล้วย
ライム	マナーウ	mánaaw	มะนาว

単語集

食材・野菜・果物

飲み物・デザート

日本語	カタカナ	発音	タイ語
飲み物	クルアンドゥーム	khrɯ̂ɯaŋdɯ̀ɯm	เครื่องดื่ม
水	ナムプラーオ	námplàau	น้ำเปล่า
氷	ナムケン	námkhěŋ	น้ำแข็ง
ホット〜	〜ローン	〜rɔ́ɔn	〜ร้อน
アイス〜	〜イェン	〜yen	〜เย็น
コーヒー	カーフェー	kaafɛɛ	กาแฟ
お茶	ナムチャー	námchaa	น้ำชา
紅茶	チャーファラン	chaafàràŋ	ชาฝรั่ง
緑茶	チャーキィアウ	chaakhǐiaw	ชาเขียว
中国茶	チャーチーン	chaaciin	ชาจีน
ミルクティー	チャーサイノム	chaasàinom	ชาใส่นม
レモンティー	チャーマナーウ	chaamánaaw	ชามะนาว
牛乳	ノム	nom	นม
豆乳	ノムトゥアルーアン	nomthùualɯ̌ɯaŋ	นมถั่วเหลือง
生オレンジジュース	ナムソムカン	námsômkhán	น้ำส้มคั้น
フルーツシェイク	ナムポンラマーイパン	námphǒnlamáaipàn	น้ำผลไม้ปั่น
ペプシ	ペップシー	pépsîi	เป๊บซี่
コーラ	コーク	khóok	โค้ก
ココナツジュース	ナムマプラーウ	námmáphráaw	น้ำมะพร้าว
酒	ラオ	lâu	เหล้า
ビール	ビーア	biia	เบียร์
キャンディ	ルークオム	lûukom	ลูกอม
ガム	マークファラン	màakfàràŋ	หมากฝรั่ง
ココナッツアイスクリーム	アイサカリームカティ	aisàkhriimkàthí	ไอศครีมกะทิ
チョコレート	チョッコーレット	chɔ́kkoolɛ́ɛt	ช็อกโกแลต
揚げバナナ	クルアイトート	klûaythɔ̂ɔt	กล้วยทอด
カキ氷	ナムケンサイ	námkhěŋsǎi	น้ำแข็งไส
タイ風おしるこ	カノム ブアローイ	khanǒm buualɔɔy	ขนมบัวลอย

単語集 / 飲み物・デザート

身体の各部

日本語	カタカナ	発音	タイ語
髪の毛	ポム	phǒm	ผม
頭	フア	hǔa	หัว
まゆ	キウ	khíw	คิ้ว
まつ毛	コンター	khǒntaa	ขนตา
目	ター	taa	ตา
鼻	チャムーク	càmùuk	จมูก
耳	フー	hǔu	หู
口	パーク	pàak	ปาก
舌	リン	lín	ลิ้น
首・喉	コー	khɔɔ	คอ
腕	ケーン	khɛ̌ɛn	แขน
手	ムー	mɯɯ	มือ
指	ニウ	níw	นิ้ว
つめ	レップ	lép	เล็บ
肩	ライ	lài	ไหล่
背中	ラン	lǎŋ	หลัง
胸	ナーオック	nâaòk	หน้าอก
乳房	ノム	nom	นม
腹	トーン	thɔ́ɔŋ	ท้อง
尻	コン	kôn	ก้น
膝	カオ	khàu	เข่า
足	カー	khǎa	ขา
皮膚	ピウ	phǐw	ผิว
血	ルアット	lɯ̂ɯat	เลือด
筋肉	クラーム	klâam	กล้าม
脳	サモーン	sàmɔ̌ɔŋ	สมอง
心臓	フアチャイ	hǔacai	หัวใจ
骨	クラドゥーク	kràdùuk	กระดูก
肺	ポート	pɔ̀ɔt	ปอด
胃	クラポアーハーン	kràphɔ́aahǎan	กระเพาะอาหาร

家族

日本語	カナ	発音	タイ語
家族	クロープクルーア	khrɔ̂ɔpkhruua	ครอบครัว
父	ポー	phɔ̂ɔ	พ่อ
母	メー	mɛ̂ɛ	แม่
兄弟	ピーノーン	phîinɔ́ɔŋ	พี่น้อง
兄	ピーチャーイ	phîichaay	พี่ชาย
姉	ピーサーウ	phîisǎaw	พี่สาว
弟	ノーンチャーイ	nɔ́ɔŋchaay	น้องชาย
妹	ノーンサーウ	nɔ́ɔŋsǎaw	น้องสาว
息子	ルークチャーイ	lûukchaay	ลูกชาย
娘	ルークサーウ	lûuksǎaw	ลูกสาว
孫	ラーン	lǎan	หลาน
いとこ	ルーク ピー ルークノーン	lûuk phîi lûuk nɔ́ɔŋ	ลูกพี่ลูกน้อง
親戚	ヤート ピーノーン	yâat phîinɔ́ɔŋ	ญาติพี่น้อง
祖父（父方）	プー	pùu	ปู่
祖母（父方）	ヤー	yâa	ย่า
祖父（母方）	ター	taa	ตา
祖母（母方）	ヤーイ	yaay	ยาย
父・母の兄	ルン	luŋ	ลุง
父・母の姉	パー	pâa	ป้า
父の弟・妹	アー	aa	อา
母の弟・妹	ナー	náa	น้า
夫	サーミー	sǎamii	สามี
妻	パンラヤー	phanrayaa	ภรรยา
恋人	フェーン	fɛɛn	แฟน
大人	プーヤイ	phûuyài	ผู้ใหญ่
子供	デック	dèk	เด็ก
赤ちゃん	ターロック	thaarók	ทารก

単語集

家族

位置・方向

東	ティット タワン オーク	thít tàwan ɔ̀ɔk	ทิศตะวันออก
西	ティット タワン トック	thít tàwan tòk	ทิศตะวันตก
南	ティット タイ	thít tâi	ทิศใต้
北	ティット ヌア	thít nǔɯa	ทิศเหนือ
右	クワー	khwǎa	ขวา
左	サーイ	sáay	ซ้าย
横	カーン カーン	khâaŋ khâaŋ	ข้าง ข้าง
上	ボン	bon	บน
下	ラーン	lâaŋ	ล่าง
前	ナー	nâa	หน้า
後	ラン	lǎŋ	หลัง
向かい	トロンカーム	troŋkhâam	ตรงข้าม
中	ナイ	nai	ใน
外	ノーク	nɔ̂ɔk	นอก
真ん中	トロンクラーン	troŋklaaŋ	ตรงกลาง
遠い	クライ	klai	ไกล
近い	クライ	klâi	ใกล้
ここ	ティー ニー	thîi nîi	ที่นี่
そこ	ティー ナン	thîi nân	ที่นั้น
あそこ	ティー ノーン	thîi nôon	ที่โน้น

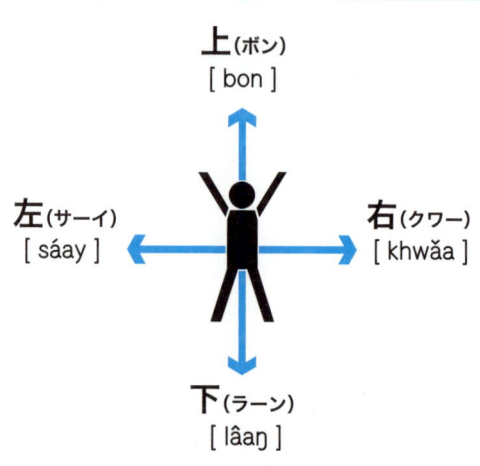

単語集

位置・方向

上 (ボン)
[bon]

左 (サーイ)　　　　右 (クワー)
[sáay]　　　　　[khwǎa]

下 (ラーン)
[lâaŋ]

色

色	シー	sǐi	สี
白(色)	シー カーウ	sǐi khǎaw	สีขาว
黒(色)	シー ダム	sǐi dam	สีดำ
赤(色)	シー デーン	sǐi dɛɛŋ	สีแดง
青(色)	シー ナムグン	sǐi námŋən	สีน้ำเงิน
黄色	シー ルーアン	sǐi lɯ̌ɯaŋ	สีเหลือง
緑(色)	シー キーアウ	sǐi khǐiaw	สีเขียว
水色	シー ファー	sǐi fáa	สีฟ้า
紫(色)	シー ムアン	sǐi mûaŋ	สีม่วง
ピンク(色)	シー チョムプー	sǐi chomphuu	สีชมพู
オレンジ色	シー ソム	sǐi sôm	สีส้ม
金(色)	シー トーン	sǐi thɔɔŋ	สีทอง
銀(色)	シー グン	sǐi ŋən	สีเงิน
茶(色)	シー ナムターン	sǐi námtaan	สีน้ำตาล
グレー(色)	シー タオ	sǐi thau	สีเทา
濃い(色)	シー ケム	sǐi khêm	สีเข้ม
薄い(色)	シー オーン	sǐi ɔ̀ɔn	สีอ่อน

ミニトリビア

タイでは曜日毎に、その曜日の色が決まっています。タイの人々は曜日ごとの色の洋服を着たり、自分の誕生日の曜日の色をラッキーカラーとして身に付けたりします。

- 月曜日 … 黄色　シー ルーアン [sǐi lɯ̌ɯaŋ]　**プミポン国王陛下の色**
- 火曜日 … ピンク色　シー チョムプー [sǐi chomphuu]
- 水曜日 … 緑色　シー キーアウ [sǐi khǐiaw]
- 木曜日 … オレンジ色　シー ソム [sǐi sôm]
- 金曜日 … 水色　シー ファー [sǐi fáa]　**シリキット女王陛下の色**
- 土曜日 … 紫　シー ムアン [sǐi mûaŋ]
- 日曜日 … 赤色　シー デーン [sǐi dɛɛŋ]

病気・怪我

日本語	カナ発音	タイ語発音	タイ文字
風邪	ペン ワット	pen wàt	เป็นหวัด
アレルギー	ペン プームペー	pen phuumphέε	เป็นภูมิแพ้
頭痛	プアット フア	pùat hǔa	ปวดหัว
腹痛	プアット トーン	pùat thɔ́ɔŋ	ปวดท้อง
骨折	クラドゥーク ハック	kràdùuk hàk	กระดูกหัก
すり傷	プレー タローク	phlɛ̌ɛ thalɔ̀ɔk	แผลถลอก
下痢	トーン シーア	thɔ́ɔŋ sǐia	ท้องเสีย
便秘	トーン プーク	thɔ́ɔŋ phùuk	ท้องผูก
熱がある	ミー カイ	mii khâi	มีไข้
咳がでる	アイ	ai	ไอ
食中毒	アーハーン ペン ピット	aahǎan pen phít	อาหารเป็นพิษ
車酔い	マオ ロット	mau rót	เมารถ
虫刺され	マレーン カットイ	malɛɛŋ kàttɔ̀y	แมลงกัดต่อย
やけどする	トゥーク ファイ ルアック	thùuk fai lûak	ถูกไฟลวก
注射	チート ヤー	chìit yaa	ฉีดยา
手術	パータット	phàatàt	ผ่าตัด
入院	カオ ローンパヤーバーン	khâu rooŋphayaabaan	เข้าโรงพยาบาล
薬局	ラーン カーイ ヤー	ráan khǎay yaa	ร้านขายยา
処方箋	バイサン ヤー	baisàŋ yaa	ใบสั่งยา
エイズ	エート	èet	เอดส์
がん	マレン	mareŋ	มะเร็ง
肺炎	ローク ポート ブアン	rôok pɔ̀ɔt buam	โรคปอดบวม
肝炎	ローク タップ アクセープ	rôok tàp àksèep	โรคตับอักเสบ
高血圧	クワームダン ローヒット スーン	khwaamdan loohìt sǔuŋ	ความดันโลหิตสูง
インフルエンザ	カイワットヤイ	khâiwàtyài	ไข้หวัดใหญ่
性病	カーマローク	kaammarôok	กามโรค
狂犬病	ローク クルーアナーム	rôok kluuanáam	โรคกลัวน้ำ
マラリア	カイ マーラーリア	khâi maalaariia	ไข้มาลาเรีย
コレラ	アヒワー	ahìwaa	อหิวาต์
デング熱	カイ ルアット オーク	khâi lɯ̂at ɔ̀ɔk	ไข้เลือดออก

単語集

病気・怪我

交通機関

日本語	カタカナ	発音	タイ語
バス	ロットメー	rótmee	รถเมล์
タクシー	テックシー	théksîi	แท็กซี่มิเตอร์
電車	ロットファイ	rótfai	รถไฟ
スカイトレイン(BTS)※	ロットファイファー (ビーティーエス)	rótfaifáa (BTS)	รถไฟฟ้า (บีทีเอส)
地下鉄 (MRT)※	ロットファイタイディン (エムアールティー)	rótfaitâidin (MRT)	รถไฟใต้ดิน (เอ็มอาร์ที)
オートバイ	(ロット) モーターサイ	(rót) mɔɔtəəsai	รถมอเตอร์ไซค์
バイクタクシー	(ロット) モーターサイ ウィン	(rót) mɔɔtəəsai win	มอเตอร์ไซด์วิน
トゥクトゥク	(ロット) トゥク トゥク	(rót) túk túk	รถตุ๊กตุ๊ก
船	ルーア	rɯɯa	เรือ
長距離バス	ロットトゥア	rótthuua	รถทัวร์
乗り合いバス	(ロット) ソーンテーウ	(rót) sɔ̌ɔŋthɛ̌ɛw	รถสองแถว
自転車	(ロット) チャッカヤーン	(rót) càkkayaan	รถจักรยาน
レンタカー	ロットチャオ	rótchâu	รถเช่า
飛行機	クルアンビン	khrɯ̂ɯaŋbin	เครื่องบิน
駅	サターニーロットファイ	sathǎaniirótfai	สถานีรถไฟ
高速道路	ターンドゥアン	thaaŋdùan	ทางด่วน

※『BTS』・『MRT』は、バンコク市内の『スカイトレイン』と『地下鉄』の名称。

単語集　交通機関

通信

日本語	カナ発音	発音記号	タイ語
電話	トーラサップ	thoorasàp	โทรศัพท์
電話番号	ブートーラサップ	bəəthoorasàp	เบอร์โทรศัพท์
携帯電話	ムートゥー	mɯɯthɯ̌ɯ	มือถือ
プリペイドカード	バットゥームグン	bàttəəmŋən	บัตรเติมเงิน
公衆電話	トーラサップ サーターラナ	thoorasàp sǎathaaraná	โทรศัพท์สาธารณะ
FAX	フェック	fɛ̀k	แฟ็กซ์
電子メール	イーメーウ	iimeew	อีเมล
郵便局	プライサニー	praisanii	ไปรษณีย์
ポスト	トゥープライサニー	tûupraisanii	ตู้ไปรษณีย์
手紙	チョットマーイ	còtmǎay	จดหมาย
便せん	クラダート キーアン チョットマーイ	kràdàat khǐian còtmǎay	กระดาษเขียนจดหมาย
封筒	ソーン	sɔɔŋ	ซอง
切手	サテム	sàtɛm	แสตมป์
年賀状	ソー コー ソー	sɔ̌ɔ khɔɔ sɔ̌ɔ	ส.ค.ส.
速達	ソン ドゥアン	sòŋ dùan	ส่งด่วน
書留	ロンタビアン	loŋthabiian	ลงทะเบียน
航空便	プライサニー アーカート	praisanii aakàat	ไปรษณีย์ทางอากาศ
船便	プライサニー ターンルーア	praisanii thaaŋrɯɯa	ไปรษณีย์ทางเรือ
小包	パッサドゥ	phátsàdù	พัสดุ
郵便番号	ラハットプライサニー	rahàtpraisanii	รหัสไปรษณีย์

単語集

通信

類別詞

〜人	〜コン	〜khon	〜คน
〜頭、匹、着	〜トゥア	〜tuua	〜ตัว
〜本(ビンなど)	〜クアット	〜khùat	〜ขวด
〜杯(グラスなど)	〜ケーウ	〜kɛ̂ɛw	〜แก้ว
〜杯(どんぶり)	〜チャーム	〜chaam	〜ชาม
〜皿	〜チャーン	〜caan	〜จาน
〜人前	〜ティー	〜thîi	〜ที่
〜回	〜クラン	〜khráŋ	〜ครั้ง
〜冊	〜レム	〜lêm	〜เล่ม
〜枚(切符、葉)	〜バイ	〜bai	〜ใบ
〜枚(CD、板、紙)	〜ペン	〜phèn	〜แผ่น
〜個(細かいもの)	〜アン	〜an	〜อัน
〜個(果物、丸い物)	〜ルーク	〜lûuk	〜ลูก
〜錠、粒(薬など)	〜メット	〜mét	〜เม็ด
〜組(セット)	〜チュット	〜chút	〜ชุด
〜種類	〜チャニット	〜chanít	〜ชนิด
〜台(車)	〜カン	〜khan	〜คัน
〜台(機械)	〜クルアン	〜khrɯ̂ɯaŋ	〜เครื่อง
〜箱	〜クロン	〜klɔ̀ŋ	〜กล่อง
〜足、組(靴、靴下)	〜クー	〜khûu	〜คู่
〜袋(包み)	〜ホー	〜hɔ̀ɔ	〜ห่อ
〜枚(布)、切れ(切り身)	〜チン	〜chín	〜ชิ้น

商品・品物

服	スーア	sɯ̂ɯa	เสื้อ
ズボン	カーンケーン	kaaŋkeeŋ	กางเกง
スカート	クラプローン	kràprooŋ	กระโปรง
ジーパン	イーン	yiin	ยีนส์
シャツ	スアチュート	sɯ̂ɯachéət	เสื้อเชิ้ต
Tシャツ	スアユート	sɯ̂ɯayɯ̂ɯt	เสื้อยืด
ベルト	ケムカット	khěmkhàt	เข็มขัด
水着	チュット ワーイナーム	chút wâaynáam	ชุดว่ายน้ำ
下着	チュット チャンナイ	chút chánnai	ชุดชั้นใน
靴	ローンターオ	rɔɔŋtháau	รองเท้า
サンダル	ローンターオテ	rɔɔŋtháautɛ̀	รองเท้าแตะ
スカーフ	パーパンコー	phâaphankhɔɔ	ผ้าพันคอ
アクセサリー	クルアンパラダップ	khrɯ̂ɯaŋpràdàp	เครื่องประดับ
指輪	ウェーン	wɛ̌ɛn	แหวน
イヤリング	ターンフー	tàaŋhǔu	ต่างหู
ネックレス	ソイコー	sôykhɔɔ	สร้อยคอ
めがね	ウェンター	wêntaa	แว่นตา
サングラス	ウェンカンデート	wênkandɛ̀ɛt	แว่นกันแดด
腕時計	ナーリカー コームー	naalíkaa khɔ̂ɔmɯɯ	นาฬิกาข้อมือ
バッグ	クラパオ	kràpǎu	กระเป๋า
財布	クラパオサタン	kràpǎusàtaŋ	กระเป๋าสตางค์
帽子	ムアック	mùak	หมวก
傘	ロム	rôm	ร่ม
歯ブラシ	プレーンシーファン	prɛɛŋsǐifan	แปรงสีฟัน
歯磨き粉	ヤーシーファン	yaasǐifan	ยาสีฟัน
タオル	パーコンヌー	phâakhǒnnǔu	ผ้าขนหนู
せっけん	サブー	sàbùu	สบู่
シャンプー	チェームプー	chɛɛmphuu	แชมพู
リンス	クリームヌアットポム	khriimnûatphǒm	ครีมนวดผม
化粧品	クルアンサムアーン	khrɯ̂ɯaŋsǎmaaŋ	เครื่องสำอาง

つめきり	ティータットレップ	thîitàtlép	ที่ตัดเล็บ
マニキュア	シーターレップ	sĭithaalép	สีทาเล็บ
トイレットペーパー	クラダート チャムラ	kràdàat chamrá	กระดาษชำระ
ティッシュ	クラダート ティッチュー	kràdàat thítchûu	กระดาษทิชชู่
くし	ウィー	wĭi	หวี
カミソリ	ミートコーン	mîitkoon	มีดโกน
タバコ	ブリー	bùrìi	บุหรี่
ライター	ファイチェック	faichék	ไฟแช็ก
灰皿	ティーキアブリー	thîikhìiabùrìi	ที่เขี่ยบุหรี่
ゴミ箱	タンカヤ	thăŋkhayà	ถังขยะ
テーブル	ト	tó	โต๊ะ
椅子	カオイー	kâuîi	เก้าอี้
電気製品	クルアンチャイファイファー	khrŵɯaŋcháifaifáa	เครื่องใช้ไฟฟ้า
テレビ	ティーウィー	thiiwii	ทีวี
ＤＶＤプレーヤー	クルアンレン ティー ウィー ティー	khrŵɯaŋlên dii wii dii	เครื่องเล่นดีวีดี
デジタルカメラ	クロン ディチトン	klɔɔŋ dicitôn	กล้องดิจิตอล
扇風機	パットロム	phátlom	พัดลม
エアコン	エー	ɛɛ	แอร์
ドライヤー	ダイ パオ ポム	dai pàu phŏm	ไดร์เป่าผม
洗濯機	クルアンサックパー	khrŵɯaŋsákphâa	เครื่องซักผ้า
変圧器	モープレーン	môɔplɛɛŋ	หม้อแปลง
電池	ベッタリー	bèttəərîi	แบตเตอรี่
本	ナンスー	năŋsɯ̌ɯ	หนังสือ
新聞	ナンスーピム	năŋsɯ̌ɯphim	หนังสือพิมพ์
雑誌	ニッタヤーサーン	níttàyaasăan	นิตยสาร
文房具	クルアンキーアン	khrŵɯaŋkhĭian	เครื่องเขียน
ノート	サムット	sàmùt	สมุด
ペン	パーカー	pàakkaa	ปากกา
鉛筆	ディンソー	dinsɔ̌ɔ	ดินสอ
消しゴム	ヤーンロップ	yaaŋlóp	ยางลบ

単語集

商品・品物

観光スポット（バンコク～バンコク近郊）

日本語	カタカナ	発音	タイ語
エメラルド寺院	ワット プラケーウ	wát phrákɛ̂ɛw	วัดพระแก้ว
ワット・ポー	ワット ポー	wát phoo	วัดโพธิ์
ワット・アルン	ワット アルン	wát àrun	วัดอรุณ
サヤーム・スクエア	サヤーム サクウェー	sayǎam sàkhwɛɛ	สยามสแควร์
MBKセンター	マーブンクローン	maabunkhrɔɔŋ	มาบุญครอง
チャイナタウン	ヤワラート	yauwarâat	เยาวราช
ルンピニー公園	スアン ルンピニー	sǔan lumphínii	สวนลุมพินี
ルンピニーボクシング スタジアム	サナームムアイ ルンピニー	sanǎammuay lumphínii	สนามมวยลุมพินี
プラトゥーナーム市場	タラート プラトゥナーム	tàlàat pràtuunáam	ตลาดประตูน้ำ
ウィークエンド・マーケット	スアン チャトゥチャック	sǔan càtùcàk	สวนจตุจักร
水上マーケット	タラートナーム	tàlàatnáam	ตลาดน้ำ
チャオプラヤー川	メーナーム チャオプラヤー	mɛ̂ɛnáam câuphráyaa	แม่น้ำเจ้าพระยา
スクムビット通り	タノン スクムウィット	thanǒn sùkhǔmwít	ถนนสุขุมวิท
ペブリ通り	タノン ペップリータッマイ	thanǒn phétbùriitàtmài	ถนนเพชรบุรีตัดใหม่
シーロム通り	タノン シーロム	thanǒn sǐilom	ถนนสีลม
カオサン通り	タノン カーウサーン	thanǒn khâawsǎan	ถนนข้าวสาร
パッポン通り	タノン パッポン	thanǒn phátphoŋ	ถนนพัฒน์พงศ์
タニヤ通り	タノン タニヤ	thanǒn thaníyá	ถนนธนิยะ
ラマ4世通り	タノン プララーム シー	thanǒn pháraam sìi	ถนนพระราม ๔
民主記念塔	アヌサワリー プラチャーティッパタイ	anúsǎawwárii pràchaathíppàtai	อนุสาวรีย์ประชาธิปไตย
王宮前広場	サナームルアン	sanǎamlǔaŋ	สนามหลวง
国立美術館	ピピッタパン シンラパ ヘンチャート	phíphítthaphan sǐnlápá hèŋchâat	พิพิธภัณฑ์ศิลปแห่งชาติ
ドゥシット動物園	スアンサット ドゥシット	sǔansàt dusìt	สวนสัตว์ดุสิต
ローズガーデン	スアン サーンプラーン	sǔan sǎamphraan	สวนสามพราน
クロコダイル・ファーム	ファーム チョーラケー	faam cɔɔrákhêe	ฟาร์มจระเข้
チョンブリー	チョンブリー	chonbùrii	ชลบุรี
パタヤ	パッタヤー	phátthayaa	พัทยา
ホアヒン	フアヒン	hǔahǐn	หัวหิน
カンチャナブリー	カーンチャナブリー	kaancànábùrii	กาญจนบุรี
アユタヤ	アユッタヤー	ayúthayaa	อยุธยา

単語集

観光スポット

●タイ王国の概要

正式名称	ラートチャ アーナーチャック タイ râatchá aanaacàk thai	ราชอาณาจักรไทย
通称①	プラテート タイ pràthêet thai	ประเทศไทย
通称②	ムーアン タイ mɯɯaŋ thai	เมืองไทย
国歌	プレーン チャート タイ phleeŋ châat thai	เพลงชาติไทย
国花	ラートチャプルック râatcháphrɯ́k	ราชพฤกษ์
国王	ラーマ 9 世（ラットチャカーン ティー カーオ） rátchákaan thîi kâau	รัชกาลที่ ๙
	プーミポン・アドゥンラヤデート国王陛下 phuumíphon àdunláyádèet	ภูมิพลอดุลยเดช
王様の呼称	ナイルーアン nailǔuaŋ	ในหลวง
チャクリー王朝	ラートチャウォン チャッククリー râatcháwoŋ càkkrii	ราชวงศ์จักรี
政治体制	立憲君主制、議院内閣制、二院制（下院・上院）	
面積	約 514,000 平方キロメートル（日本の面積の約 1.4 倍）	
人口	約 66,785,000 人（2012 年）	
宗教	仏教（南方上座部仏教）93.9%、イスラム教 5.2% キリスト教・ヒンズー教・シーク教他 0.9%	
通貨	バーツ	
日本との時差	マイナス 2 時間	
国際電話番号	66	
国内総生産	3,850 億ドル（2013 年 / 名目）	
一人当たり国内総生産	5,647 ドル（2013 年）	
主要貿易相手国	輸出：1 位 中国、2 位 米国、3 位 日本、4 位 香港、5 位 マレーシア 輸入：1 位 日本、2 位 中国、3 位 アラブ首長国連邦、4 位 米国、5 位 マレーシア	
総貿易額	輸出：2,254 億ドル（2013 年） ／ 輸入：2,190 億ドル（2013 年）	
主要貿易品目	輸出：コンピューター・同部品、自動車・同部品、機械器具、電子集積回路、天然ゴム 輸入：原油、機械器具、電子部品	
日タイ貿易額	日本→タイ 輸出：35,072 億円（2013 年） タイ→日本 輸入：21,503 億円（2013 年）	
日タイ貿易主要品目	日本→タイ 輸出：機械・同部品，鉄・鉄鋼，自動車部品 タイ→日本 輸入：天然ゴム、自動車・同部品、コンピュータ・同部品	
在留邦人数	約 55,634 人（2012 年）	
在日タイ人数	約 40,146 人（2012 年）	

●タイ王国　国歌　เพลงชาติไทย

（日本語訳）

ประเทศไทย รวมเลือดเนื้อชาติเชื้อไทย
pràthêet thai ruam lɯ̂ɯat nɯ́ɯa châat chɯ́ɯa thai
プラテート　タイ　ルアム　ルーアット　ヌーア　チャート　チューア　タイ

タイ王国はタイ民族の
血と肉から成る国家である

เป็นประชารัฐ ไผทของไทยทุกส่วน
pen prachaa rát phathai khɔ̌ɔŋ thai thúk sùan
ペン　プラチャー　ラット　パタイ　コーン　タイ　トゥック　スアン

タイ王国の領土は全て
国民のもの

อยู่ดำรง คงไว้ ได้ทั้งมวล
yùu damroŋ khoŋ wái dâi tháŋ muan
ユー　ダムロン　コン　ワイ　ダイ　タン　ムアン

国民は団結を愛し
志しているから
平和を保ち続ける
ことが出来る

ด้วยไทยล้วนหมาย รักสามัคคี
dûay thai lúan mǎay rák sǎamákkhii
ドゥアイ　タイ　ルアン　マーイ　ラック　サーマックキー

ไทยนี้รักสงบ แต่ถึงรบไม่ขลาด
thai níi rák saŋòp tɛ̀ɛ thɯ̌ŋ róp mâi khlàat
タイ　ニー　ラック　サゴップ　テー　トゥン　ロップ　マイ　クラート

国民は平和を愛してい
るが
いざ戦う時が訪れても
恐れはしない

เอกราช จะไม่ให้ ใครข่มขี่
èek karâat cà mâi hâi khrai khòmkhìi
エーク　カラート　チャ　マイ　ハイ　クライ　コムキー

国家の主権と独立は
何人たりとも侵すことは
出来ない

สละเลือด ทุกหยาด เป็นชาติพลี
salà lɯ̂ɯat thúk yàat pen châat phlii
サラ　ルーアット　トゥック　ヤート　ペン　チャート　プリー

国民は国家のために
一滴の血をも残さず捧げる

เถลิงประเทศ ชาติไทยทวี มีชัย ชโย
thalɤ̌ɤŋ pràthêet châat thai thawii mii chai chayoo
タルーン　プラテート　チャート　タイ　タウィー　ミー　チャイ　チャヨー

タイ民族の国家に
勝利と栄光を　万歳

●バンコク都　正式名称

❶ กรุงเทพ มหานคร　**❷** อมรรัตนโกสินทร์

❸ มหินทรายุธยา มหาดิลกภพ

❹ นพรัตน์ ราชธานี บุรีรมย์　**❺** อุดมราชนิเวศน์ มหาสถาน

❻ อมรพิมาน อวตารสถิต　**❼** สักกะทัตติย วิษณุกรรมประสิทธิ์

❶ kruŋthêep mahǎanákhɔɔn
クルンテープ　マハーナコーン
天使の都　偉大なる都

❷ amɔɔnráttanákoosǐn
アモーンラットタナコーシン
帝釈天の不壊の宝玉

❸ mahǐntharaayútthayaa mahǎadìròkphóp
マヒンタラーユットタヤー　マハーディロックポップ
帝釈天の戦争なき平和な　偉大なる最高の土地

❹ nópphárat râatchathaanii buriirom
ノップパラット　ラートチャターニー　ブリーロム
九種の宝玉の如き心楽しき王都

❺ udomrâatchaníwêet mahǎasathǎan
ウドムラートチャニウェート　マハーサターン
数多くの王宮に富んだ

❻ amɔɔnphímaan awataansathìt
アモーンピマーン　アワターンサティット
神が権化して国王が住みたまう

❼ sàkkàtháttìyá wítsanúkampràsìt
サックカタットティヤ　ウィットサヌカムプラシット
帝釈天が建築の神ヴィシュヌカルマに命じて造り終えられた

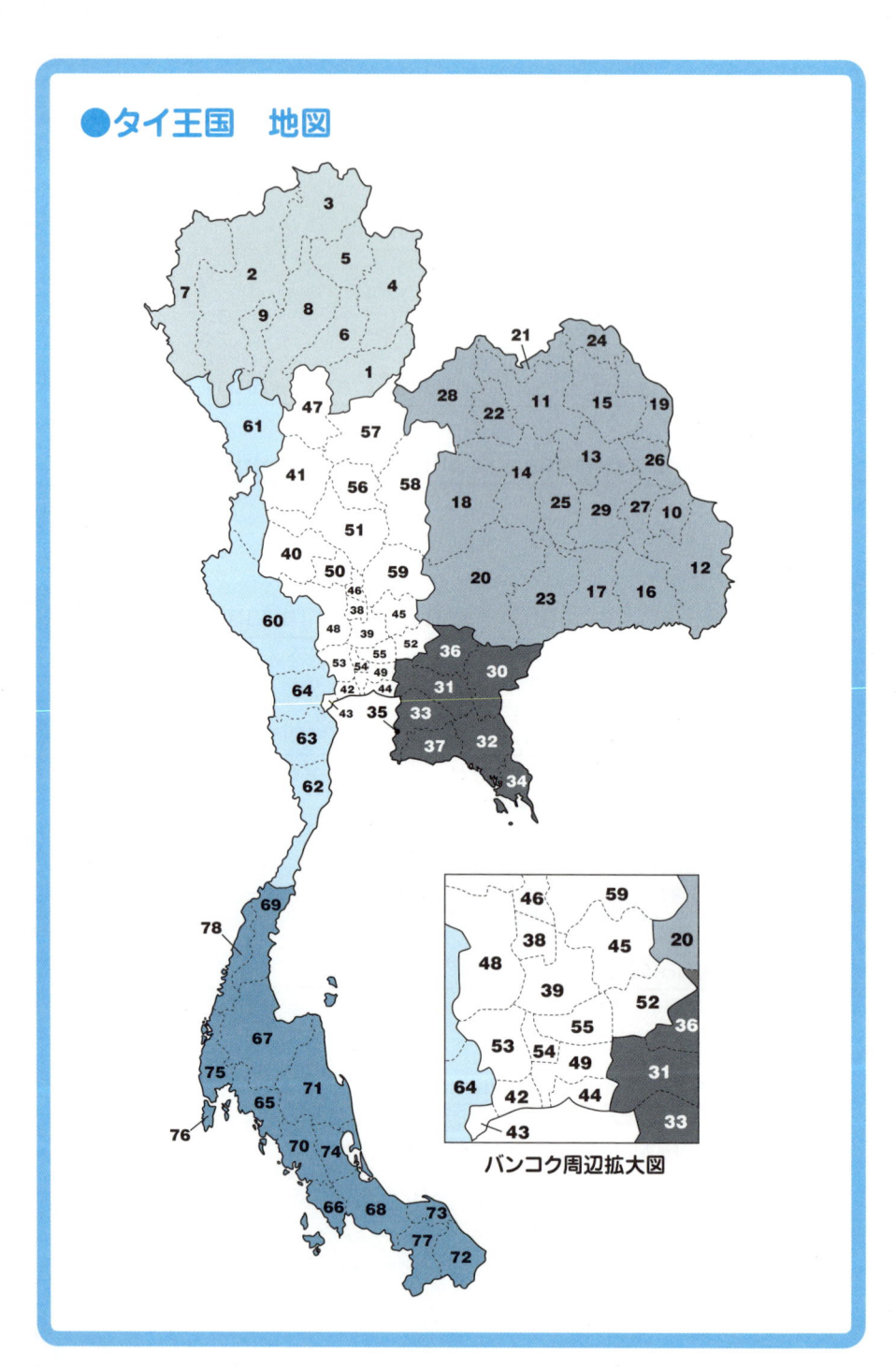

●タイ王国　地図

バンコク周辺拡大図

154

●タイ王国　地域行政区

	北部		
1	ウッタラディット県	caŋwàt ùttaradit チャンワット ウットタラディット	จังหวัด อุตรดิตถ์
2	チェンマイ県	caŋwàt chiaŋmài チャンワット チアンマイ	จังหวัด เชียงใหม่
3	チェンライ県	caŋwàt chiaŋraai チャンワット チアンラーイ	จังหวัด เชียงราย
4	ナーン県	caŋwàt nâan チャンワット ナーン	จังหวัด น่าน
5	パヤオ県	caŋwàt pháyau チャンワット パヤオ	จังหวัด พะเยา
6	プレー県	caŋwàt phrɛ̂ɛ チャンワット プレー	จังหวัด แพร่
7	メーホンソン県	caŋwàt mɛ̂ɛhɔ̌ŋsɔ̌ɔn チャンワット メーホンソーン	จังหวัด แม่ฮ่องสอน
8	ランパーン県	caŋwàt lampaaŋ チャンワット ラムパーン	จังหวัด ลำปาง
9	ランプーン県	caŋwàt lamphuun チャンワット ラムプーン	จังหวัด ลำพูน
	東北部		
10	アムナットチャルン県	caŋwàt amnâatcarəən チャンワット アムナートチャルーン	จังหวัด อำนาจเจริญ
11	ウドンタニ県	caŋwàt ùdɔɔnthaanii チャンワット ウドーンターニー	จังหวัด อุดรธานี
12	ウボンラチャタニ県	caŋwàt ùbonrâatchathaanii チャンワット ウボンラートチャターニー	จังหวัด อุบลราชธานี
13	カラシン県	caŋwàt kaalası̌n チャンワット カーラシン	จังหวัด กาฬสินธุ์
14	コンケーン県	caŋwàt khɔ̌ɔnkèn チャンワット コーンケン	จังหวัด ขอนแก่น
15	サコンナコン県	caŋwàt sakonnákhɔɔn チャンワット サコンナコーン	จังหวัด สกลนคร
16	シーサケット県	caŋwàt sı̌isakèet チャンワット シーサケート	จังหวัด ศรีสะเกษ
17	スリン県	caŋwàt surin チャンワット スリン	จังหวัด สุรินทร์
18	チャイヤプーム県	caŋwàt chaiyaphuum チャンワット チャイヤプーム	จังหวัด ชัยภูมิ
19	ナコンパノム県	caŋwàt nákhɔɔnphanom チャンワット ナコーンパノム	จังหวัด นครพนม
20	ナコンラチャシマ県	caŋwàt nákɔɔnrâatchásı̌imaa チャンワット ナコーンラートチャシーマー	จังหวัด นครราชสีมา
21	ノンカイ県	caŋwàt nɔ̌ɔŋkhaai チャンワット ノーンカーイ	จังหวัด หนองคาย
22	ノンブアランプー県	caŋwàt nɔ̌ɔŋbualamphuu チャンワット ノーンブアラムプー	จังหวัด หนองบัวลำภู
23	ブリラム県	caŋwàt buriiram チャンワット ブリーラム	จังหวัด บุรีรัมย์
24	ブンカーン県	caŋwàt bɯŋkaan チャンワット ブンカーン	จังหวัด บึงกาฬ
25	マハサラカム県	caŋwàt mahǎasǎarákhaam チャンワット マハーサーラカーム	จังหวัด มหาสารคาม
26	ムクダハーン県	caŋwàt múkdaahǎan チャンワット ムックダーハーン	จังหวัด มุกดาหาร

27	ヤソートン県	caŋwàt yasŏothɔɔn チャンワット ヤソートーン	จังหวัด ยโสธร
28	ルーイ県	caŋwàt lɤɤi チャンワット ルーイ	จังหวัด เลย
29	ロイエット県	caŋwàt rɔ́ɔièt チャンワット ローイエット	จังหวัด ร้อยเอ็ด

東部

30	サケーオ県	caŋwàt sakɛ̂ɛw チャンワット サケーウ	จังหวัด สระแก้ว
31	チャチュンサオ県	caŋwàt chachɤɤŋsau チャンワット チャチューンサオ	จังหวัด ฉะเชิงเทรา
32	チャンタブリ県	caŋwàt canthaburii チャンワット チャンタブリー	จังหวัด จันทบุรี
33	チョンブリ県	caŋwàt chonburii チャンワット チョンブリー	จังหวัด ชลบุรี
34	トラート県	caŋwàt tràat チャンワット トラート	จังหวัด ตราด
35	パタヤ特別市	muuwaŋ phátthayaa ムーアン パッタヤー	เมือง พัทยา
36	プラチンブリ県	caŋwàt praaciinburii チャンワット プラーチーンブリー	จังหวัด ปราจีนบุรี
37	ラヨーン県	caŋwàt rayɔɔŋ チャンワット ラヨーン	จังหวัด ระยอง

中部

38	アントーン県	caŋwàt àaŋthɔɔŋ チャンワット アーントーン	จังหวัด อ่างทอง
39	アユタヤ県	caŋwàt phranakhɔɔnsĭiayútthayaa チャンワット プラナコーンシーアユットタヤー	จังหวัด พระนครศรีอยุธยา
40	ウタイタニ県	caŋwàt ùthaithaanii チャンワット ウタイターニー	จังหวัด อุทัยธานี
41	カンペーンペット県	caŋwàt khamphɛɛŋphét チャンワット カムペーンペット	จังหวัด กำแพงเพชร
42	サムットサコーン県	caŋwàt samùtsăakhɔɔn チャンワット サムットサーコーン	จังหวัด สมุทรสาคร
43	サムットソンクラーム県	caŋwàt samùtsŏŋkhraam チャンワット サムットソンクラーム	จังหวัด สมุทรสงคราม
44	サムットプラカーン県	caŋwàt samùtpraakaan チャンワット サムットプラーカーン	จังหวัด สมุทรปราการ
45	サラブリ県	caŋwàt saraburii チャンワット サラブリー	จังหวัด สระบุรี
46	シンブリ県	caŋwàt sĭŋburii チャンワット シンブリー	จังหวัด สิงห์บุรี
47	スコータイ県	caŋwàt sùkhŏothai チャンワット スコータイ	จังหวัด สุโขทัย
48	スパンブリ県	caŋwàt sùphanburii チャンワット スパンブリー	จังหวัด สุพรรณบุรี
49	バンコク都（首都府）	kruŋthêep mahăanákhɔɔn クルンテープ マハーナコーン	กรุงเทพ มหานคร
50	チャイナート県	caŋwàt chainâat チャンワット チャイナート	จังหวัด ชัยนาท
51	ナコンサワン県	caŋwàt nakhɔɔnsawăn チャンワット ナコーンサワン	จังหวัด นครสวรรค์
52	ナコンナヨック県	caŋwàt nakhɔɔnnaayók チャンワット ナコーンナーヨック	จังหวัด นครนายก

53	ナコンパトム県	caŋwàt nakhɔɔnpathŏm チャンワット ナコーンパトム	จังหวัด นครปฐม
54	ノンタブリ県	caŋwàt nonthaburii チャンワット ノンタブリー	จังหวัด นนทบุรี
55	パトゥムタニ県	caŋwàt pathumthaanii チャンワット パトゥムターニー	จังหวัด ปทุมธานี
56	ピチット県	caŋwàt phícit チャンワット ピチット	จังหวัด พิจิตร
57	ピッサヌローク県	caŋwàt phítsanúlôok チャンワット ピットサヌローク	จังหวัด พิษณุโลก
58	ペチャブン県	caŋwàt phétchabuun チャンワット ペットチャブーン	จังหวัด เพชรบูรณ์
59	ロップリ県	caŋwàt lópburii チャンワット ロップブリー	จังหวัด ลพบุรี

西部

60	カンチャナブリ県	caŋwàt kaancanaburii チャンワット カーンチャナブリー	จังหวัด กาญจนบุรี
61	ターク県	caŋwàt tàak チャンワット ターク	จังหวัด ตาก
62	プラチュアップキリカーン県	caŋwàt pracùapkhiiriikhăn チャンワット プラチュアップキーリーカン	จังหวัด ประจวบคีรีขันธ์
63	ペッチャブリ県	caŋwàt phétchaburii チャンワット ペットチャブリー	จังหวัด เพชรบุรี
64	ラーチャブリ県	caŋwàt râatchaburii チャンワット ラートチャブリー	จังหวัด ราชบุรี

南部

65	クラビ県	caŋwàt krabìi チャンワット クラビー	จังหวัด กระบี่
66	サトゥン県	caŋwàt satuun チャンワット サトゥーン	จังหวัด สตูล
67	スラタニ県	caŋwàt sùrâatthaanii チャンワット スラートターニー	จังหวัด สุราษฎร์ธานี
68	ソンクラー県	caŋwàt sŏŋklăa チャンワット ソンクラー	จังหวัด สงขลา
69	チュンポーン県	caŋwàt chumphoon チャンワット チュムポーン	จังหวัด ชุมพร
70	トラン県	caŋwàt traŋ チャンワット トラン	จังหวัด ตรัง
71	ナコンシータマラート県	caŋwàt nakhɔɔnsĭithammarâat チャンワット ナコーンシータムマラート	จังหวัด นครศรีธรรมราช
72	ナラティワート県	caŋwàt naraathíwâat チャンワット ナラーティワート	จังหวัด นราธิวาส
73	パッタニ県	caŋwàt pàttaanii チャンワット パットターニー	จังหวัด ปัตตานี
74	パッタルン県	caŋwàt phátthaluŋ チャンワット パットタルン	จังหวัด พัทลุง
75	パンガー県	caŋwàt phaŋŋaa チャンワット パンガー	จังหวัด พังงา
76	プーケット県	caŋwàt phuukèt チャンワット プーケット	จังหวัด ภูเก็ต
77	ヤラー県	caŋwàt yalaa チャンワット ヤラー	จังหวัด ยะลา
78	ラノーン県	caŋwàt ranɔɔŋ チャンワット ラノーン	จังหวัด ระนอง

●バンコク都　地図

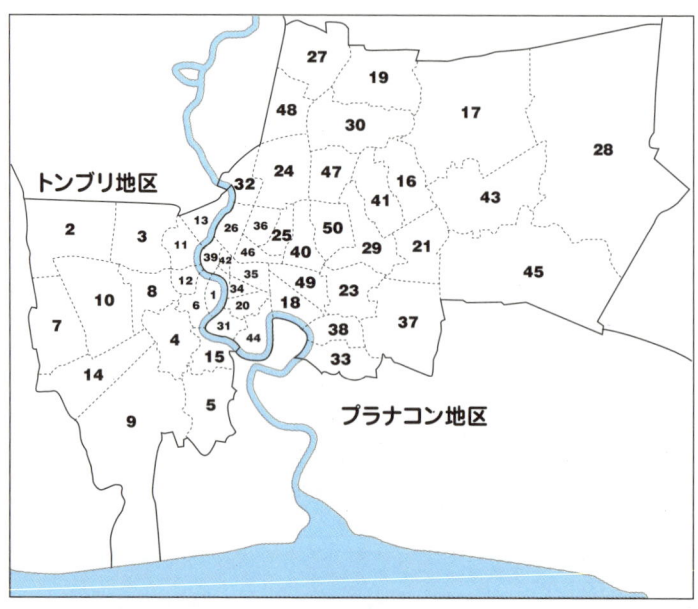

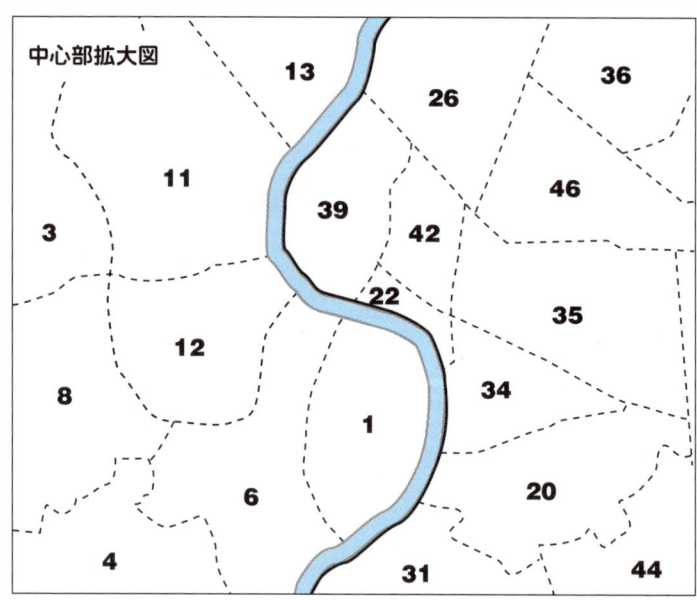

トンブリ地区

プラナコン地区

中心部拡大図

●バンコク都 地域行政区

トンブリ地区（チャオプラヤ川の西側）

#	区名	タイ語発音	タイ語
1	クロンサン区	khèet khlɔɔŋsǎan ケート クローンサーン	เขต คลองสาน
2	タウィワッタナー区	khèet thawiiwátthanaa ケート タウィーワットタナー	เขต ทวีวัฒนา
3	タリンチャン区	khèet tàliŋchan ケート タリンチャン	เขต ตลิ่งชัน
4	チョムトーン区	khèet cɔɔmthɔɔŋ ケート チョームトーン	เขต จอมทอง
5	トゥンクル区	khèet thûŋkhrú ケート トゥンクル	เขต ทุ่งครุ
6	トンブリ区	khèet thonburii ケート トンブリー	เขต ธนบุรี
7	ノンケーム区	khèet nɔ̌ɔŋkhɛ̌ɛm ケート ノーンケーム	เขต หนองแขม
8	パーシーチャルン区	khèet phaasǐicàrəən ケート パーシーチャルーン	เขต ภาษีเจริญ
9	バンクンティアン区	khèet baaŋkhǔnthiian ケート バーンクンティーアン	เขต บางขุนเทียน
10	バンケー区	khèet baaŋkhɛɛ ケート バーンケー	เขต บางแค
11	バンコクノイ区	khèet baaŋkɔ̀ɔknɔ́ɔy ケート バーンコークノーイ	เขต บางกอกน้อย
12	バンコクヤイ区	khèet baaŋkɔ̀ɔkyài ケート バーンコークヤイ	เขต บางกอกใหญ่
13	バンプラット区	khèet baaŋphlát ケート バーンプラット	เขต บางพลัด
14	バンボーン区	khèet baaŋbɔɔn ケート バーンボーン	เขต บางบอน
15	ラープラナ区	khèet râatbuuraná ケート ラートブーラナ	เขต ราษฎร์บูรณะ

プラナコン地区（チャオプラヤ川の東側）

#	区名	タイ語発音	タイ語
16	カンナーヤオ区	khèet khannaayaaw ケート カンナーヤーウ	เขต คันนายาว
17	クロンサムワー区	khèet khlɔɔŋsǎamwaa ケート クローンサームワー	เขต คลองสามวา
18	クロントイ区	khèet khlɔɔŋtəəy ケート クローントゥーイ	เขต คลองเตย
19	サイマイ区	khèet sǎaymǎi ケート サーイマイ	เขต สายไหม
20	サトーン区	khèet sǎathɔɔn ケート サートーン	เขต สาทร
21	サパンスン区	khèet sàphaansǔuŋ ケート サパーンスーン	เขต สะพานสูง
22	サムパンタウォン区	khèet sǎmphanthawoŋ ケート サムパンタウォン	เขต สัมพันธวงศ์
23	スワンルワン区	khèet sǔanlǔaŋ ケート スアンルアン	เขต สวนหลวง
24	チャトゥチャック区	khèet càtùcàk ケート チャトゥチャック	เขต จตุจักร
25	ディンデン区	khèet dindɛɛŋ ケート ディンデーン	เขต ดินแดง

26	ドゥシット区	khèet dùsìt ケート ドゥシット	เขต ดุสิต
27	ドンムアン区	khèet dɔɔnmɯɯaŋ ケート ドーンムーアン	เขต ดอนเมือง
28	ノンチョーク区	khèet nɔ̌ɔŋcɔ̀ɔk ケート ノーンチョーク	เขต หนองจอก
29	バンカピ区	khèet baaŋkàpì ケート バーンカピ	เขต บางกะปิ
30	バンケーン区	khèet baaŋkhěen ケート バーンケーン	เขต บางเขน
31	バンコーレム区	khèet baaŋkhɔɔlɛ̌ɛm ケート バーンコーレーム	เขต บางคอแหลม
32	バンスー区	khèet baaŋsɯɯ ケート バーンスー	เขต บางซื่อ
33	バンナー区	khèet baaŋnaa ケート バーンナー	เขต บางนา
34	バンラック区	khèet baaŋrák ケート バーンラック	เขต บางรัก
35	パトゥムワン区	khèet pàthumwan ケート パトゥムワン	เขต ปทุมวัน
36	パヤタイ区	khèet phayaathai ケート パヤータイ	เขต พญาไท
37	プラウェート区	khèet pràwêet ケート プラウェート	เขต ประเวศ
38	プラカノン区	khèet phrákhànǒoŋ ケート プラカノーン	เขต พระโขนง
39	プラナコン区	khèet phránákhɔɔn ケート プラナコーン	เขต พระนคร
40	フアイクワン区	khèet hûaykhwaaŋ ケート フアイクワーン	เขต ห้วยขวาง
41	ブンクム区	khèet bɯŋkùm ケート ブンクム	เขต บึงกุ่ม
42	ポムプラープ区	khèet pɔ̂mpràapsàttruuphâay ケート ポムプラープサットゥルーパーイ	เขต ป้อมปราบศัตรูพ่าย
43	ミンブリ区	khèet miinburii ケート ミーンブリー	เขต มีนบุรี
44	ヤンナワー区	khèet yaannaawaa ケート ヤーンナーワー	เขต ยานนาวา
45	ラークラバン区	khèet lâatkràbaŋ ケート ラートクラバン	เขต ลาดกระบัง
46	ラチャテウィー区	khèet râatcháthewii ケート ラートチャテーウィー	เขต ราชเทวี
47	ラープラオ区	khèet lâatphráaw ケート ラートプラーウ	เขต ลาดพร้าว
48	ラクシー区	khèet làksǐi ケート ラックシー	เขต หลักสี่
49	ワタナー区	khèet wátthanaa ケート ワットタナー	เขต วัฒนา
50	ワントンラン区	khèet waŋthɔɔŋlǎaŋ ケート ワントーンラーン	เขต วังทองหลาง

● スカイトレイン＆地下鉄マップ

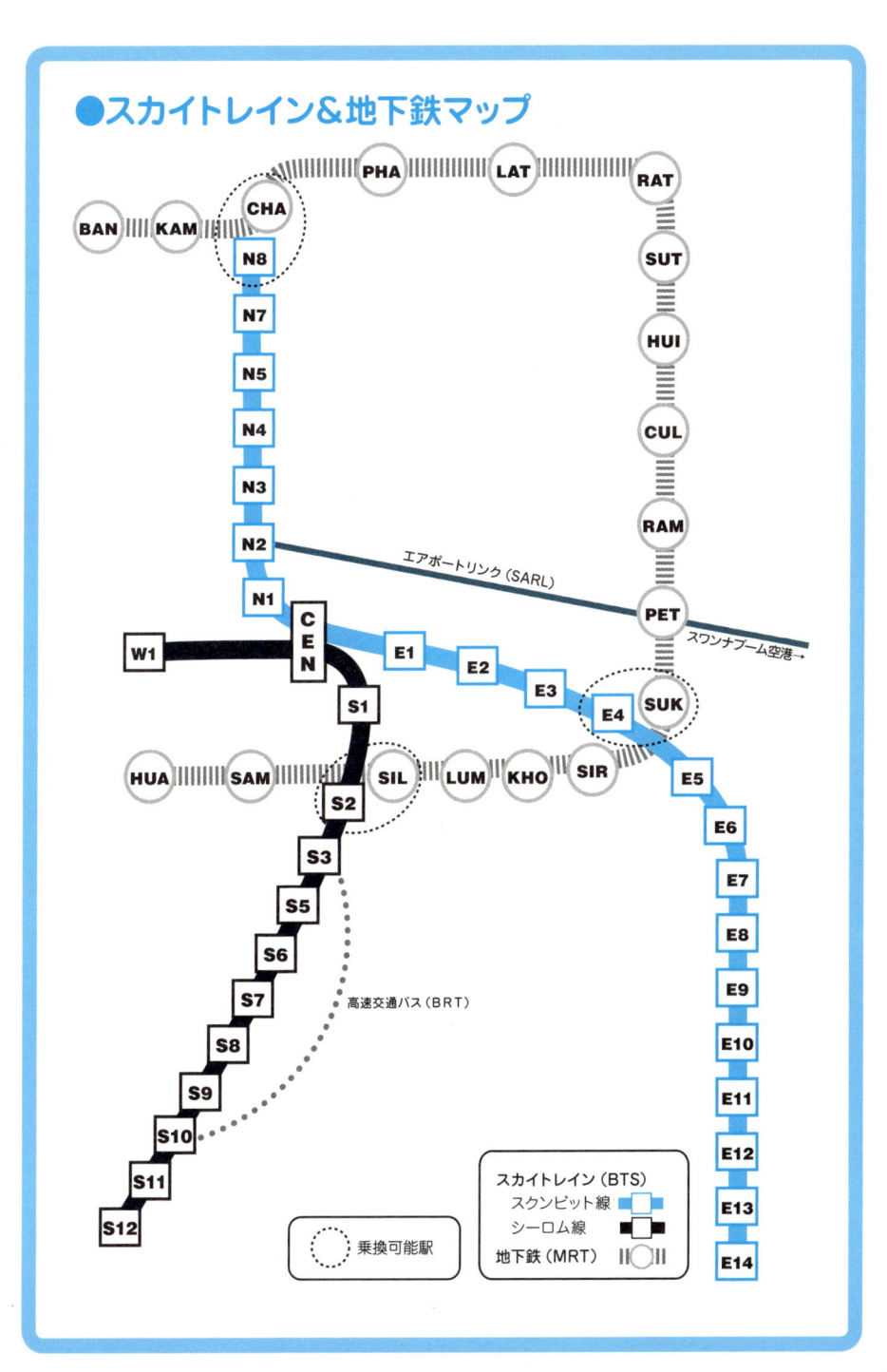

●スワンナプーム空港連絡鉄道（SARL）マップ
エアポートリンク

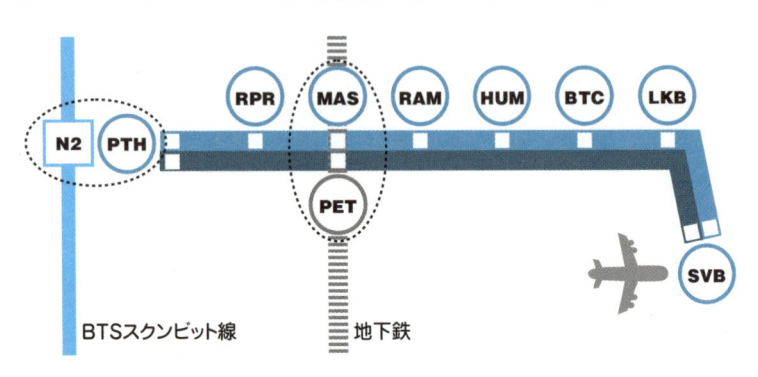

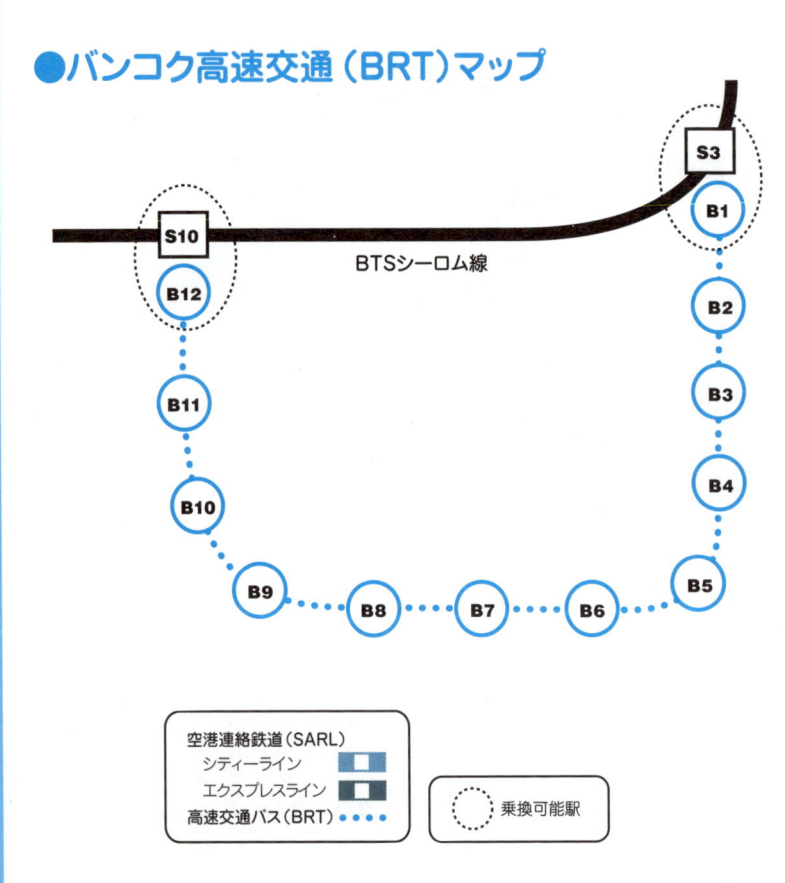

- N2
- PTH
- RPR
- MAS
- RAM
- HUM
- BTC
- LKB
- SVB
- PET

BTSスクンビット線
地下鉄

●バンコク高速交通（BRT）マップ

- S3
- B1
- S10
- B12
- B11
- B10
- B9
- B8
- B7
- B6
- B5
- B4
- B3
- B2

BTSシーロム線

空港連絡鉄道（SARL）
シティーライン
エクスプレスライン
高速交通バス（BRT）
乗換可能駅

バンコク都 交通機関

バンコク高架鉄道（BTS） รถไฟฟ้าเฉลิมพระเกียรติ 6 รอบพระชนมพรรษา	rót faifáa chalə̌əmphrákìiat hòk rɔ̂ɔp phráchonmàphansə̌a ロット ファイファー チャルームプラキーアット ホック ロープ プラチョンマパンサー
バンコク地下鉄（MRT） รถไฟฟ้ามหานครสายเฉลิมรัชมงคล	rót faifáa mahǎanakhɔɔn sǎay chalə̌əm rátchamoŋkhon ロット ファイファー マハーナコーン サーイ チャルーム ラットチャモンコン
スワンナブーム空港連絡鉄道（SARL） รถไฟฟ้าเชื่อมท่าอากาศยานสุวรรณภูมิ	rót faifáa chɯ̂ɯam thâaakàatsàyaan sùwannáphuum ロット ファイファー チューアム ターアーカートサヤーン スワンナプーム
バンコク高速交通バス（BRT） รถโดยสารประจำทางด่วนพิเศษ	rót dooysǎan pràcam thaaŋdùuan phísèet ロット ドーイサーン プラチャム ターンドゥーアン ピセート

BTS スクンビット線

N8	モーチット駅	sathǎanii mɔ̌ɔchít サターニー モーチット	สถานี หมอชิต
N7	サパンクワイ駅	sathǎanii saphaankhwaay サターニー サパーンクワーイ	สถานี สะพานควาย
N6	セーナールワム駅（計画中）	sathǎanii sěenaarûam サターニー セーナールアム	สถานี เสนาร่วม
N5	アーリー駅	sathǎanii aarii サターニー アーリー	สถานี อารีย์
N4	サナームパオ駅	sathǎanii sanǎampâu サターニー サナームパオ	สถานี สนามเป้า
N3	戦勝記念塔駅	sathǎanii anúsǎuwáriichaisamɔ̌ɔráphuum サターニー アヌサオワリーチャイサモーラプーム	สถานี อนุเสาวรีย์ชัยสมรภูมิ
N2	パヤタイ駅	sathǎanii phayaathai サターニー パヤータイ	สถานี พญาไท
N1	ラチャテウィ駅	sathǎanii râatchatheewii サターニー ラートチャテーウィー	สถานี ราชเทวี
CEN	サイアム駅	sathǎanii sayǎam サターニー サヤーム	สถานี สยาม
E1	チットロム駅	sathǎanii chítlom サターニー チットロム	สถานี ชิดลม
E2	プルンチット駅	sathǎanii phləəncìt サターニー プルーンチット	สถานี เพลินจิต
E3	ナナ駅	sathǎanii naanaa サターニー ナーナー	สถานี นานา
E4	アソーク駅	sathǎanii asòok サターニー アソーク	สถานี อโศก
E5	プロンポン駅	sathǎanii phrɔ́ɔmphoŋ サターニー プロームポン	สถานี พร้อมพงษ์
E6	トンロー駅	sathǎanii thɔɔŋlɔ̀ɔ サターニー トーンロー	สถานี ทองหล่อ
E7	エカマイ駅	sathǎanii èekkamai サターニー エークカマイ	สถานี เอกมัย
E8	プラカノン駅	sathǎanii phrákhanǒoŋ サターニー プラカノーン	สถานี พระขโนง
E9	オンヌット駅	sathǎanii ɔ̀ɔnnút サターニー オーンヌット	สถานี อ่อนนุช
E10	バンチャーク駅	sathǎanii baaŋcàak サターニー バーンチャーク	สถานี บางจาก
E11	プナウィティ駅	sathǎanii punnawíthǐi サターニー プンナウィティー	สถานี ปุณณวิถี
E12	ウドムスック駅	sathǎanii udomsùk サターニー ウドムスック	สถานี อุดมสุข
E13	バンナー駅	sathǎanii baaŋnaa サターニー バーンナー	สถานี บางนา
E14	ベーリング駅	sathǎanii bɛɛrîŋ サターニー ベーリン	สถานี แบริ่ง

BTS シーロム線

W1	国立競技場駅	sathǎanii sanǎamkiilaahèŋchâat サターニー サナームキーラーヘンチャート	สถานี สนามกีฬาแห่งชาติ
CEN	サイアム駅	sathǎanii sayǎam サターニー サヤーム	สถานี สยาม
S1	ラチャダムリ駅	sathǎanii râatchádamrii サターニー ラートチャダムリ	สถานี ราชดำริ
S2	サラデン駅	sathǎanii sǎalaadεεŋ サターニー サーラーデーン	สถานี ศาลาแดง
S3	チョンノンシー駅	sathǎanii chɔ̂ŋnonsii サターニー チョンノンシー	สถานี ช่องนนทรี
S4	スクサウィッタヤー駅 (計画中)	sathǎanii sùksǎawítthayaa サターニー スックサーウィットヤー	สถานี ศึกษาวิทยา
S5	スラサック駅	sathǎanii sùrásàk サターニー スラサック	สถานี สุรศักดิ์
S6	サパンタクシン駅	sathǎanii saphaantàaksǐn サターニー サパーンタークシン	สถานี สะพานตากสิน
S7	クルントンブリ駅	sathǎanii kruŋthonbùrii サターニー クルントンブリー	สถานี กรุงธนบุรี
S8	ウォンウィエンヤイ駅	sathǎanii woŋwiianyài サターニー ウォンウィーアンヤイ	สถานี วงเวียนใหญ่
S9	ポーニミット駅	sathǎanii phoonímít サターニー ポーニミット	สถานี โพธิ์นิมิตร
S10	タラートプルー駅	sathǎanii talàatphluu サターニー タラートプルー	สถานี ตลาดพลู
S11	ウターカート駅	sathǎanii wútthaakàat サターニー ウットターカート	สถานี วุฒากาศ
S12	バンワー駅	sathǎanii baaŋwâa サターニー バーンワー	สถานี บางหว้า

MRT チャルームラチャモンコン線

HUA	フアランポーン駅	sathǎanii hǔualamphooŋ サターニー フーアラムポーン	สถานี หัวลำโพง
SAM	サムヤーン駅	sathǎanii sǎamyâan サターニー サームヤーン	สถานี สามย่าน
SIL	シーロム駅	sathǎanii sǐilom サターニー シーロム	สถานี สีลม
LUM	ルンピニ駅	sathǎanii lumphinii サターニー ルムピニー	สถานี ลุมพินี
KHO	クロントイ駅	sathǎanii khlɔɔŋtəəy サターニー クローントゥーイ	สถานี คลองเตย
SIR	シリキットコンベンションセンター駅	sathǎanii sǔunpràchumhèŋchâatsìrìkìt サターニー スーンプラチュムヘンチャートシリキット	สถานี ศูนย์ประชุมแห่งชาติสิริกิติ์
SUK	スクンビット駅	sathǎanii sukhǔmwít サターニー スクムウィット	สถานี สุขุมวิท
PET	ペチャブリ駅	sathǎanii phétbùrii サターニー ペットブリー	สถานี เพชรบุรี
RAM	ラーマ9世駅	sathǎanii phráraamkâau サターニー プララームカーオ	สถานี พระราม 9
CUL	タイ文化センター駅	sathǎanii sǔunwátthanáthamhèŋprathêetthai サターニー スーンワッタナタムヘンプラテートタイ	สถานี ศูนย์วัฒนธรรมแห่งประเทศไทย
HUI	フアイクワン駅	sathǎanii hûaykhwaaŋ サターニー フアイクワーン	สถานี ห้วยขวาง
SUT	スティサン駅	sathǎanii sùtthísǎan サターニー ストティサーン	สถานี สุทธิสาร

RAT	ラチャダピセーク駅	sathǎanii rátchadaaphísèek サターニー ラットチャダーピセーク	สถานี รัชดาภิเษก
LAT	ラプラオ駅	sathǎanii lâatphráaw サターニー ラートプラーウ	สถานี ลาดพร้าว
PHA	パホンヨーティン駅	sathǎanii phahǒnyoothin サターニー パホンヨーティン	สถานี พหลโยธิน
CHA	チャトゥチャック公園駅	sathǎanii sǔancàtùcàk サターニー スアンチャトゥチャック	สถานี สวนจตุจักร
KAM	カンペンペット駅	sathǎanii kamphεεŋphét サターニー カムペーンペット	สถานี กำแพงเพชร
BAN	バンスー駅	sathǎanii baaŋsɯɯ サターニー バーンスー	สถานี บางซื่อ

SARL エアポートレールリンク

PTH	パヤタイ駅	sathǎanii phayaathai サターニー パヤータイ	สถานี พญาไท
RPR	ラチャプラロップ駅	sathǎanii râatchápraaróp サターニー ラートチャプラーロップ	สถานี ราชปรารภ
MAS	マッカサン駅	sathǎanii mákkasǎn サターニー マックカサン	สถานี มักกะสัน
RAM	ラムカムヘン駅	sathǎanii raamkhamhěεŋ サターニー ラームカムヘーン	สถานี รามคำแหง
HUM	フアマーク駅	sathǎanii hǔamàak サターニー フーアマーク	สถานี หัวหมาก
BTC	バンタップチャン駅	sathǎanii bâanthápcháaŋ サターニー バーンタップチャーン	สถานี บ้านทับช้าง
LKB	ラークラバン駅	sathǎanii lâatkrabaŋ サターニー ラートクラバン	สถานี ลาดกระบัง
SVB	スワンナプーム駅	sathǎanii sùwannaphuum サターニー スワンナプーム	สถานี สุวรรณภูมิ

BRT ラチャプルック線

B1	サトーン駅	sathǎanii sǎathɔɔn サターニー サートーン	สถานี สาทร
B2	アーカンソンクロ駅	sathǎanii aakhaansǒŋkhrɔ́ サターニー アーカーンソンクロ	สถานี อาคารสงเคราะห์
B3	イェンアーカート駅	sathǎanii yenaakàat サターニー イェンアーカート	สถานี เย็นอากาศ
B4	タノンチャン駅	sathǎanii thanǒncan サターニー タノンチャン	สถานี ถนนจันทน์
B5	ナララーム3世駅	sathǎanii naraaraamsǎam サターニー ナラーラームサーム	สถานี นราราม 3
B6	ワットダーン駅	sathǎanii wátdàan サターニー ワットダーン	สถานี วัดด่าน
B7	ワットパリワット駅	sathǎanii wátparíwâat サターニー ワットパリワート	สถานี วัดปริวาส
B8	ワットドークマイ駅	sathǎanii wátdɔ̀ɔkmái サターニー ワットドークマイ	สถานี วัดดอกไม้
B9	サパンラーマ9世駅	sathǎanii saphaanphráraamkâau サターニー サパーンプララームカーウ	สถานี สะพานพระราม 9
B10	チャルンラート駅	sathǎanii carəənrâat サターニー チャルーンラート	สถานี เจริญราษฎร์
B11	サパンラーマ3世駅	sathǎanii saphaanphráraamsǎam サターニー サパーンプララームサーム	สถานี สะพานพระราม 3
B12	ラチャプルック駅	sathǎanii râatchaphrɯ́k サターニー ラートチャプルック	สถานี ราชพฤกษ์

TLSのDVDシリーズ

書籍だけで独学するには限界があります
映像だからこその学習効果

タイ語力を伸ばすタイ語学習の最終兵器!

藤崎ポンパン先生の
DVDで学ぶタイ語会話
①〜⑨巻　各2,700円〜（税込）

藤崎ポンパン先生の
DVDで学ぶタイ文字
①〜⑤巻　各2,700円〜（税込）

★日本最大のタイ語学校の1番人気の授業を収録。上達の秘密ノウハウが詰め込まれています。
★学校に通わなくても、お好きな時間に何度でも、どこでも、誰とでも学習できます。
★初めて「タイ語」を学ぶ方はもちろん、今までにある程度学習した方にも最適です。

お求めの本が書店に無い場合は当社へ
http://www.tls-group.com

TLS出版社

タイ語書籍　最強ラインナップ！

移動中でもCDで聞ける！
実用タイ語単語集 (CD付)
藤崎ポンパン 著　B6判　240頁

厳選1万語収録！　例文入り！
日タイMini辞典
藤崎ポンパン 著　変型 縦12cm×横7.5cm　468頁

超基礎タイ語単語540 (CD付)
＋チェンマイ語・イサーン語・南タイ語
藤崎ポンパン 著　B6判　272頁

タイ文部省認定　タイ語能力検定
ポーホック 対策と予想問題 (CD付)
藤崎ポンパン 著　A5判　108頁

学校では教えてくれない！
男と女のタイ語会話術 (CD付)
早坂裕一郎/塙憲啓 著　B6判　252頁

テストに出る順！
タイ語検定単語集
藤崎ポンパン 著　B6判　236頁

日タイ・タイ日ポケット辞典
タイ・ランゲージ・ステーション 編　はがき判　500頁

実用タイ語検定試験 過去問題と解答 (CD付)
日本タイ語検定協会 監修　A5判　140頁

タイ文字入門
藤崎ポンパン 著　B6判　70頁

5日間ですぐに使えるタイ語 (CD付)
藤崎ポンパン 著　A5判　185頁

超ペラペラ「タイ語電話」 (CD付)
藤崎ポンパン 著　A5判　191頁

24時間で学ぶタイ語①② (CD付)
ワンナゴン・アヌチャー 著　A5判　217頁

誰でもすぐに書ける「タイ語手紙」
藤崎ポンパン 著　A5判　155頁

タイ語スラング辞典①② (CD付)
藤崎ポンパン 著　B6判　296頁

お近くの書店にない場合は当社へ

店頭にない場合は、当社ホームページの通販コーナーをご利用いただくか、お電話またはＦＡＸでご注文下さい。ＦＡＸでお求めの際は書籍名、氏名(社名)、お届け先ご住所、電話番号をご記入の上、送信して下さい。ご注文承り後4～7日以内に代金引換郵便でお届けいたします。（別途送料・代引き手数料がかかります。）

ホームページ：http://www.tls-group.com
ＴＥＬ：03-5825-9400　ＦＡＸ：03-5825-9401

秋葉原駅から徒歩4分！！
東京で1番分かりやすいのに1番安く学べるタイ語学校
TLS タイランゲージステーション

たくさん
話せて早く
身に付く

都内最安・自由予約制　2,300円
マンツーマン　45分
ビジネス　｜　赴任・留学　｜　タイ語検定

75分 3,800円のコースもございます。

毎週1レッスン・月謝制　2,000円
グループ　75分
日常会話　｜　旅行・出張　｜　ロングステイ

タイ好きな
仲間と
楽しく学ぶ

東京で一番のレッスンとリーズナブルな料金の訳は…

当校はタイ語学校だけではなくタイに特化した多角的な事業、通訳・翻訳・旅行アテンド・出版・DTP・TV番組制作を行っているタイ語のスペシャリスト。必ず話せるようになる独自のカリキュラムとテキストが自慢です。
そしてお客様の口コミなどを大切にすることで広告費を抑え、様々な事業で得たノウハウを利用して徹底した合理化・効率化を行い、高い品質を維持したまま東京で一番安い料金を実現しました。
ぜひ一度ご来校いただき、タイ好きな仲間たちが集う、明るくて楽しい雰囲気と熱気あふれるレッスンを無料体験してみて下さい。

キャンペーン実施中！
無料体験レッスンやコースの詳細はホームページでご確認いただけます。お得なキャンペーン中にぜひ一度ご来校ください。

入学金無料

フリーダイヤル　みにつく　はやく
0120-329-889

No.1 お客様からの
口コミ＆満足度 No.1
日本で唯一のタイ王国教育省認定

タイ語専門のTLSが日本で暮らすタイ人のために日本語レッスンも開講しています！
タイ人講師が**タイ語でわかりやすくレッスン**します！

マンツーマンレッスン（60分／自由予約制） 1回 ¥4,500〜

無料体験やってます！

タイ語で学ぶから、どんどん日本語力アップ！ 在日歴が長いタイ人のプロ講師が教えます！

初級者から上級者まで
レベル＆目的に合わせた
学習ができます！

タイ語のわかる日本人講師が常駐していますので
日本での生活で必要な各種手続きや
日常生活の疑問や不安も安心してご相談下さい！

🇯🇵 คอร์สเรียนภาษาญี่ปุ่นเรียนง่ายได้ไว

🇹🇭 เพื่อคนไทยในญี่ปุ่น

ทางโรงเรียนมีคณาจารย์พูดภาษาไทยอยู่ประจำ สามารถรับคำปรึกษาปัญหาในการใช้ชีวิตญี่ปุ่นหรือเกี่ยวกับการดำเนินเรื่องเอกสารราชการต่างๆ หากมีคำถามหรือข้อสงสัยใดๆ สามารถติดต่อสอบถามได้

ทดลองเรียนฟรี!

คณาจารย์และเจ้าหน้าที่ทุกคน
รอต้อนรับผู้สนใจทุกท่านนะคะ

ท่านเคยเบื่อกับการเรียนภาษาญี่ปุ่นเป็นภาษาญี่ปุ่นมั้ย?? ปัญหานี้จะหมดไป!!
เพราะเรา**มีอาจารย์ชาวไทยที่มากประสบการณ์สอนด้วยภาษาไทยได้!!**
โรงเรียน TLS เชี่ยวชาญด้านการสอนภาษาไทยมาเป็นระยะเวลายาวนาน
กำลังเปิดรับสมัครนักเรียนคอร์สภาษาญี่ปุ่น

เรียนตัวต่อตัว (60 นาที / เลือกเวลาเข้าเรียนได้)　1 ครั้ง ¥4,500

TLS 秋葉原校

〒101-0024
東京都千代田区神田和泉町1-8-10
神田THビル4F
TEL:03-5825-9400　FAX:03-5825-9401
MAIL:akiba@tls-group.com

**JR・つくばエクスプレス・東京メトロ
秋葉原駅 昭和通り口から徒歩4分**

http://www.tls-group.com

日本国内個人向けサービス

新宿・大阪 タイ語学校
TLS タイランゲージステーション

目的によって選べる多彩なレッスン

グループレッスン
- 週に1回の固定制で、3名様以上でレッスンを行います。月謝制なので授業料が安く、クラスメイトとの交友関係も広がります。
- ゆっくり長期的に学習したい方や人と接することが好きな方におすすめです。

プライベートレッスン
- 自由予約制（チケット）と固定制（月謝）があり、スケジュールやご予算に合わせて選択できます。
- チケット制は事前連絡で何度でも変更・キャンセルOK！

3日間漬け特訓コース
- 1日3時間×3日間のコースで、急な出張や旅行前に最適です。
- すぐに使える実践的なフレーズを中心に学習します。

タイ文字コース
- 特別カリキュラムとオリジナルテキストでベテラン講師が親切丁寧にレッスンを行います。
- タイ文字の看板やメニュー、道路標識や駅名地名表記などなど。

インターネット授業
- 遠方にお住まいの方、小さなお子様がいらっしゃる方など、通学が難しい方に好評です。
- PC・スマホ・タブレットで受講いただけます。

タイ人向け日本語コース
- タイ人のお友達、恋人に日本語を習わせてあげて下さい。

セミプライベート

出張レッスン
講師全国派遣サービス

翻訳
- 手紙、ラブレターなど　**日本語1文字 10円〜**
- 婚姻届受理証明書、出生届、出生証明書、戸籍謄本、住民票などの公的書類　**8,000円〜**

通訳
- ショッピングのアテンド、男女間の話し合いなど専門性、スピードを求めないもの
  ※これ以外は専門通訳となります。法人向けサービスをご覧下さい。　**40,000円〜/日**

開講スケジュールはホームページをご覧下さい。
既習者の方はカウンセリングの後、最適なコースをご案内しますので、お気軽にお問い合わせ下さい。

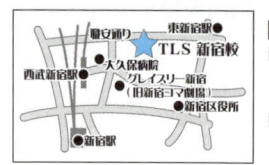

無料体験レッスン実施中

新宿校
- 所在地　〒160-0021　東京都新宿区歌舞伎町2-41-12 岡埜ビル6F
- アクセス　新宿駅東口 8分 ／ 新大久保駅 7分　西武新宿駅 3分 ／ 東新宿駅 3分
- TEL 03-5287-2034
- FAX 03-5287-2035
- E-mail tokyo@tls-group.com

大阪校
- 所在地　〒530-0056　大阪府大阪市北区兎我野町9-23 聚楽ビル5F
- アクセス　JR大阪駅、地下鉄梅田駅から泉の広場M14番出口徒歩5分
- TEL 06-6311-0241
- FAX 06-6311-0240
- E-mail school@tls-group.com

タイ語以外にも、英語、フランス語、スペイン語、ポルトガル語、ロシア語、ドイツ語、イタリア語、アラビア語、インドネシア語、ベトナム語、中国語、台湾華語、韓国語、モンゴル語、タガログ語、ヒンディ語のレッスンを行っております。2言語、3言語とお申し込みの場合特別価格でご案内しております。

http://www.tls-group.com

日本国内法人向けサービス

ビジネス通訳と翻訳サービス

長期のオーダーなどはボリュームディスカウントさせていただきます。

タイ語⇔日本語はもちろん、**タイ語⇔英語**などもお任せ下さい！

ビジネス通訳	60,000円〜/日	**見積無料**
同時通訳	100,000円〜/日	
ビジネス翻訳	日本語1文字 22円〜	

ISO、各種契約書、各種証明書、戸籍、定款、新聞、雑誌、パンフレット、カタログ、取扱説明書、協定、論文、履歴書、会社案内、報告書、企画書、規約、ホームページ、販促商材（メニュー、ポップ等）など

従業員語学研修と講師派遣
▶ 赴任前の従業員様へタイ語レッスン、その他生活やタイ人ワーカーとの付き合い方までレッスンできます。
タイ人研修生を受け入れる法人様への日本語研修、出張レッスンもお任せ下さい。
▶ 各コースとも専用プランをご提案させて頂くと共に、必要に応じて学習到達度等のレポートを提出する事も可能です。

インバウンド支援事業
▶ タイ人向けインバウンド対策の一環としてタイ語での接客はとても重要です。
目の前にお客様がいらっしゃるのに、結局お声がけもできないままでは機会損失する一方です。
タイ語が出来ない従業員様でもコミュニケーション可能なオリジナル指さし接客シートと併用する事で効率よく接客が行えます。

タイ人ナレーター・映像製作
▶ タイ向けPV、現地従業員教育ビデオなどの製作も承っております。

バンコク市場調査・現地プロモーション
▶ インターネットリサーチでは不可能なバンコクで個人向け商品の試用、試飲、試食アンケートを行います。
日本に居ながら現地で撮影したプロモーション、インタビューを分析することも可能です。
コンサルタントも可能ですので、ぜひ一度ご相談下さい。

タイ語通訳、翻訳、教室の

TLS タイランゲージステーション

【東京・新宿オフィス】
03-5287-2034

【大阪・梅田オフィス】
06-6311-0241

タイ語以外にも、英語、インドネシア語、ベトナム語、タガログ語、中国語、台湾華語、韓国語、モンゴル語、フランス語、ドイツ語、スペイン語、ポルトガル語、ロシア語、イタリア語、アラビア語、ヒンディ語のレッスンを行っております。2言語、3言語お申し込みの場合特別価格でご案内しております。

http://www.tls-group.com

実用タイ語検定試験

5級・4級・3級・準2級・2級・1級

願書入手方法

- **PC** www.thaigokentei.com
- **携帯** www.thaigokentei.com/m
- **電話** (日本) 03-3207-8223 （FAXも可能）
- (タイ) 0-2653-0887 （窓口TLS スクンビット校）

サンプル問題と願書がダウンロード出来ます！
Web出願可能　www.thaigokentei.com

後援：タイ王国大使館　タイ王国総領事館
タイ王国教育省 教育副大臣　ワラーコン　サームコーセート氏

推薦者 ■タイ王国教育省 元教育大臣 Dr.Bunsom Martin ■日タイ友好議員連盟 事務局長 衆議院議員 塩崎恭久 氏 ■タイ王国教育省 教育研究議会 議員 チンチャイ・ハーンチェーンラック 博士 ■チュラロンコーン大学 文学部 タイ語学科 教授 アナン・ラオルート ワーラクン 博士 ■京都教育大学 准教授 佐々木真理 氏 ■バンコク大学 法学部 ユッタナー・ジョンシリ 氏 ■バンコク大学 語学研究所 ダラワディー・レーバーンコ 氏 ■バンコク大学 語学研究所 プレーオパン・プリンプロム 氏 ■国立タマサート大学 助教授 ヌアンティップ・バームケーソーン 博士 ■国立スコータイタムマーティラート大学 学長 プラッヤー・ウェーサーラット 博士 ■キングモンクット王立工科学院 ラーカバン校 機械工学部 助教授 ジンダー・ジャルアンポンパーニット 博士 ■国立マヒドン大学 評議員会 理事 スープタラクーン・スントンタム 氏 ■京都精華大学 理事長 杉本修一 氏 ■京都精華大学 学長 中尾ハジメ 氏 ■Thailand Post会長 (旧郵政省総裁) ティラーポン・スッティノン 氏 ■サイアムビジネススクール 総長 バジョン・カンタチャワナ 博士 ■衆議院議員 福井照 氏 ■衆議院議員 細野豪志 氏 ■24時間で学ぶタイ語(1)(2) 著者 アヌチャー・ワンナゴン 博士 (順不同 計19名)

การสอบวัดระดับความสามารถภาษาไทย

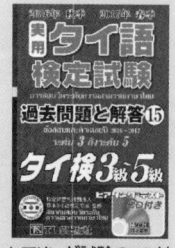

年2回開催　春・秋　1級から5級まで
試験地　東京・大阪・名古屋・バンコク

実用タイ語検定試験
過去問題と解答1.5
タイ検3級5級
ヒアリング試験のCD付
過去問題と解答 ¥2,700(税込)
※1級・2級・準2級対応版もあり

特定非営利活動法人
日本タイ語検定協会
〒160-0021
東京都新宿区歌舞伎町2-41-12　岡埜ビル6F
TEL 03-3207-8223　FAX 03-3207-8223

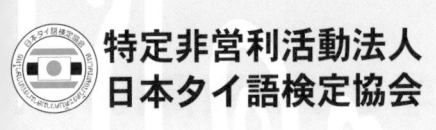

特定非営利活動法人
日本タイ語検定協会

タイ語
講座ご案内

日本におけるタイ語の普及啓発と学習者の能力向上活動の一環として日本タイ語検定協会ではタイ語講座を開講しています。

協会認定のタイ語講師が過去問題を中心とした資料を用いて考え方や解法の解説を行う中で、表現力や語彙力を高めながら試験合格を目標にした講義を行います。各講座は習熟度によって分けられています。

- 5級レベル講座（ローマ字発音表記を習得済の方が対象）
- 4級レベル講座（タイ文字の読み書きを習得済の方が対象）
- 3級レベル講座（4級を合格済の方が対象、それ以外の方は応相談）

開講日時

最新の開講スケジュールは協会ホームページ
www.thaigokentei.com
にてご確認下さい

1回75分間の講義を4～8回程度行います。空席がある場合に限り見学(有料)途中編入が可能です。

見学希望、開講予定日時、現在開講中の講座については、協会ＷＥＢサイトをご覧いただくか、協会事務局までメールまたはお電話でお問い合わせ下さい。

受講料

1回 75分間 3,000円(税別)
※入会金・教材費は無し

全額前払いです。教材費は上記金額に含まれており、入会金等はありません。途中から編入される場合は残り回数分を全額前払いとなります。

問合せ先

日本タイ語検定協会 事務局
　　　　　　　　タイ語講座係

Ｅメール：nihon@thaigokentei.com
電話番号：03-3207-8223
受付時間：火～木 12:00 ～ 22:00
　　　　　金～日 12:00 ～ 18:00
願書締切日を除く月曜定休、臨時休業日あり

開講場所

日本タイ語検定協会 事務局
(東京都千代田区又は新宿区)

タイ国教育省認定校

TLSスクンビット校は、留学ビザの取得100％！
日本語対応で安心なタイ留学

留学ビザ（EDビザ）コース募集！

留学ビザ（EDビザ）コースとは？

TLSスクンビット校は留学ビザ（EDビザ）の取得に際し必要な"入学許可証"を発行致します。タイ語を確実に習得したいのなら、落ち着いた環境で安心して勉強できる留学ビザ（EDビザ）を取得される事をお勧めします。4ヶ月〜8ヶ月の滞在が可能です。

ここがポイント！

- ホームステイ、アパート探しなどのサービスもあります。
- 日本人スタッフ常駐。お問い合わせ、お申し込みが日本語で出来ます。
- 留学斡旋会社に任せるよりも手数料が安くて、お得！

TLSスクンビット校はここが違う！

グループ、プライベートレッスン随時募集中！

- 日本語の話せるタイ人講師 在籍ナンバーワン！
- 日本人スタッフによる安心サポート【バンコク校・東京校・大阪校】
- 実用タイ語検定試験・バンコク窓口
- タイ国教育省 認可校 ／ 留学ビザ発行可
- 少人数制のグループレッスン ／ 振替制度ありのプライベートレッスン
- 土曜日、日曜日もコース開催中！

タイ国教育省認定 タイ語学校

BTSアソーク駅直結！ タイムズスクエアビル14階
タイ・ランゲージ・ステーション スクンビット校

14fl,. Times Square Building 246 Sukhumvit Rd., Between Soi 12-14 Khlongtoey, Bangkok 10110 Thailand

TEL 02-653-0887　　**FAX** 02-653-0650　　**E-mail** tls@tls-bangkok.com

詳しくは www.tls-bangkok.com

英会話学校

TLS 教育省認定語学学校

タイで格安英語レッスン

- 留学英会話コース（短期間でもお問い合わせください）
- 個人レッスン ● グループレッスン ● オンラインレッスン

TOEIC TOEFL等 試験対策もあります

バンコク：シーロム校 / プロンポン校 / トンロー校
チョンブリ：シラチャ校 / パタヤ校

http://www.tls-english.com

日本語講師大募集！＠タイ・バンコク（有給）

プロの日本語講師を目指している方　当校で日本語講師のスキルを磨きませんか？
（同時に英語、もしくはタイ語も身につきます）

＜特典＞
☆期間終了時に当校日本語講師認定書を贈呈いたします。（当校はタイ王国文部省認定校です）
☆タイ語・英語が話せなくても、応募できます！→当校でタイ語を無料で受講することができます。

契約期間　1年　（さらに複数年の日本語講師契約が可能）
給料：要相談　タイ語レッスン無料受講可能
1年ビザ：支給　健康保険：あり　全額当社負担

＜条件＞
(1) 下記のいずれかを満たす方
　(ア) 日本語教師養成講座修了
　(イ) 日本語教育能力検定試験合格
　(ウ) 大学で日本語を専攻もしくは教師養成講座420時間以上修了
(2) 大学卒以上　(3) 45歳以下の方　(4) 健康な方

☆直接法の経験を積みたい方、経験してみたい方
☆タイがとにかく好きな方　☆プロの日本語講師を目指している方

TLS GROUP Japan Study Center

〔スクンビット校〕BTS アソーク駅　直結（MRT スクンビット駅）tls@tls-bangkok.com
〔シーロム校〕　　BTS サラデーン駅 直結（MRT シーロム駅）　tls@tls-silom.com

インターンシップ募集　タイ語, 英語レッスンを無料で受講できるチャンスです！

海外で生活してみたい！
語学スキルを磨きたい！
そんな方にぴったりのプログラムです。
この機会にインターン留学をしてみませんか？

授業料は一切無料。リーズナブルに留学することができます。

条件	・人と話すことが好きな方 ・積極的に何にでも取り組める方 ・協調性がある方　・40歳以下の方
期間	事前の話し合いで決めていきます
職種	日本語講師／事務スタッフ ホテルスタッフ

海外に住んだことがない方でも日本語でサポートいたします。お気軽にお問合せください。
www.tls-silom.com から問い合わせフォームまたは電話にてご連絡ください。

● 著者紹介

藤崎 ポンパン （Phongphan Fujisaki）

日タイハーフとして両国の教育を受ける。「タイ・ランゲージ・ステーション」を母体として日本には「TLS出版社」「新宿校」「秋葉原校」「大阪校」、タイには「スクンビット校」「シーロム校」をはじめとする6校を設立。近畿大学講師、JICA研修監理委員、日本タイ語検定協会理事、ポーホック問題作成委員など多種多様な分野をこなしながら、多言語に渡る語学書執筆、新聞・雑誌のコラム執筆、テレビ・ラジオ番組出演、タイ人向け日本留学無料支援サービスの展開など精力的な活動を続けている。2018年現在、日本の文化や技術をタイに紹介する教育バラエティTV番組「Dohiru」(Thai PBS) の企画・演出・出演他、海外ニュースレポーター、コメンテーターとして活躍中。
【HP】http://www.phongphan.com 【Facebook】http://www.facebook.com/FUJI.FUJISAKI

早坂 裕一郎 （Yuichiro Hayasaka）

千葉県出身。千葉県立船橋東高等学校卒。専修大学商学部卒。タイ・パタヤ居住3年の後、タイ観光警察アシスタントを経て「日本タイ語検定協会」設立に参加。現在はタイ語の他、多言語の語学テキストを開発するプロデューサー、アートディレクターとして活動中。他著書「男と女のタイ語会話術」、プロデュース「男と女のロシア語会話術」「一夜漬けインドネシア語」など多数。

世界一わかりやすい！ 一夜漬けタイ語　คืนเดียวก็เก่งได้ภาษาไทย

2007年11月5日　初版発行	著　者　藤崎 ポンパン　早坂 裕一郎
2017年 4月5日　第7版 第4刷	発行者　藤崎 ポンパン
2018年11月5日　第7版 第5刷	発行所　ＴＬＳ出版社　発売所　星雲社

■ 新宿校 (Tokyo Shinjuku Office)
　〒160-0021 東京都新宿区歌舞伎町2-41-12 岡埜ビル6F
　Tel：03-5287-2034　　Fax：03-5287-2035　　E-mail：tokyo@tls-group.com

■ 秋葉原校 (Tokyo Akihabara Office)
　〒101-0024 東京都千代田区神田和泉町1-8-10 神田ＴＨビル4F
　Tel：03-5825-9400　　Fax：03-5825-9401　　E-mail：akiba@tls-group.com

■ 大阪校 (Osaka Umeda Office)
　〒530-0056 大阪府大阪市北区兎我野町9-23 聚楽ビル5F
　Tel：06-6311-0241　　Fax：06-6311-0240　　E-mail：school@tls-group.com

■ スクンビット校　（Bangkok Sukhumvit Office）
　シーロム校　　　（Bangkok Silom Office）
　プロンポン校　　（Bangkok Phromphong Office）
　トンロー校　　　（Bangkok Thonglo Office）
　シラチャ校　　　（Chonburi Sriracha Office）
　パタヤ校　　　　（Chonburi Pattaya Office）

http://www.tls-group.com

ＴＬＳ出版社の書籍は、書店または弊社ＨＰにてお買い求めください。
本書に関するご意見・ご感想がありましたら、上記までご連絡ください。

装丁・編集　早坂 裕一郎（Yuichiro Hayasaka）　　ナレーター　パーンチューン 茂美（Momi Panchuen）

無断複製・転載を禁止いたします。
Copyright ©2007 Phongphan Fujisaki / Yuichiro Hayasaka All Rights Reserved.
［定価はカバーに表示してあります。］　［落丁・乱丁本はお取り替えいたします。］

ISBN 978-4-434-10514-2 C2087　Printed in Japan　　　　印刷　株式会社 ナポ　（NAPO Co.,Ltd.）